GARDASEE

DER AUTOR

Gottfried Aigner schreibt seit vielen Jahren Reiseführer über Ziele in Süddeutschland und auf den spanischen Inseln, die Provence und Irland sowie vor allem italienische Urlaubsgebiete. Kein Wunder, dass er mit seiner Frau und Kollegin als Zweitwohnsitz das sonnige Dörfchen Musaga über dem Gardasee gewählt hat. In der Reihe Go Vista sind von ihm auch Mailand, Florenz, Toskana sowie Lanzarote erschienen.

www.vistapoint.de

Top 10 & Willkommen

Chronik

Stadttouren Verona & Brescia mit Detailkarten

Vista Points – Sehenswertes

Reiseregionen, Orte und Sehenswürdigkeiten

Service von A bis Z

Extras – Zusatzinformationen

Sprachführer

Zeichenerklärung

Top 10
Das müssen Sie gesehen haben, siehe vorderer innerer Umschlag und hintere Umschlagklappe.

Vista Point
Reiseregionen, Orte und Sehenswürdigkeiten

Symbole
Verwendete Symbole siehe hintere innere Umschlagklappe.

Kartensymbol: Verweist auf das entsprechende Planquadrat der ausfaltbaren Karte bzw. der Detailpläne im Buch.

Willkommen am Gardasee

Der Traum von wedelnden Palmen, vom Duft nach Zitronen, Rosmarin und Lorbeer, die Sehnsucht nach einem erfrischenden Bad in kristallklarem Wasser beginnt hinter den Alpen. So folgen Millionen Urlauber ihrem Fernweh auf den Spuren Goethes, der im September 1786 den Gardasee erreichte. Und wie er biegen die Reisenden in Rovereto nach Westen ab, bis sich im malerischen Nago dem Auge ein unvergessliches Naturwunder bietet: Weit unten liegt der von hohen Bergzügen umrahmte, von Eiszeitgletschern in die Landschaft gehobelte Gardasee. Surfer gleiten zwischen Riva und Torbole, wo Goethe seine erste Station machte, mit dem Wind. Links das Monte-Baldo-Massiv, im Westen die Hochebenen von Tremosine und Tignale, Paradiese für Wanderer und Radler. Herauf leuchtet die Burg von Malcesine, wohin der Sturm unseren Dichter vertrieb, gegenüber Limone, dessen Zitronengärten er im Vorbeifahren bewunderte. Weiter unten öffnet sich der Lago bei Gargnano, verstecken sich hinter den Osthängen Garda und Bardolino. Im Süden endet der See an den Moränenhügeln, als Markierungspunkt die Halbinsel Sirmione, auf der

Der Anblick Malcesines zog schon Goethe in seinen Bann

gegenüberliegenden Seite die Isola del Garda nahe dem in einem Fjord versteckten Städtchen Salò.

Die Beliebtheit der »Badewanne der Münchner« führt andererseits zu Einschränkungen der Urlaubsfreude. Vor allem in der Hochsaison sind die Uferstraßen – im Osten die Gardesana Orientale, im Westen die mit vielen Tunnels bestückte Gardesana Occidentale – stark frequentiert. Wer es einrichten kann, sollte seinen Urlaub also lieber in den Frühling oder Herbst verlegen. Für Mountainbiker, Kletterer und Wanderer ohnehin die richtige Zeit für abwechslungsreiche Touren auf den Höhen des Gardasee-Gebiets. Surfer, Segler und Kiter hingegen finden an den nördlichen Ufern zwischen Riva und Torbole, Limone und Malcesine auch in der heißesten Zeit erfrischende Winde.

Aufschlussreich ist die Beschäftigung mit der Geschichte der Region. Die Besiedlung in der Steinzeit hinterließ nördlich des Iseosees interessante Steingravuren im Valcamonica, das Leben der damaligen Menschen wird dort im Archeopark nachgestellt, am Ledrosee bringt ein Pfahldorf-Museum seinen Besuchern die Bronzezeit nahe. Kelten und Römern lässt sich in Sirmione (Grotten des Catull) und Desenzano (Villa Romana) nachspüren sowie in den Ausflugsstädten Verona und Brescia. Unzählig sind die Burgen und Schlösser der Ritter, Kaiser und Adelsfamilien. Die stolzen Festen laden ein zum Besuch, sei es in Arco, Malcesine, Sirmione, Torri oder Manerba.

Alles in allem, der Gardasee ist ein paradiesisches Fleckchen Erde, das Urlaubern manch versteckte Juwelen zu zeigen hat.

Daten zur Geschichte

Grabmal der Scaliger in Verona

Ca. 8000 v. Chr. Funde von Steingravuren im Valcamonica (nördlich des Iseo-Sees) gelten als älteste Nachweise menschlicher Existenz in den Tälern der italienischen Südalpen.

Ca. 6000 v. Chr. Nach einer Phase klimatischer Abkühlung, während der wahrscheinlich menschliches Leben am Alpenrand unmöglich wurde, wird das Gebiet in der Jungsteinzeit durch die Landwirtschaft betreibenden Camuni erneut besiedelt, was ebenfalls durch Steingravuren in der Valcamonica belegt ist.

2000 v.Chr. Erste Besiedlung der Region von Malcesine, Desenzano und des Ledrosees, durch Funde von Pfahlbautenresten belegt.

1000 v. Chr. Die Veneter, die in Oberitalien ansässig waren, werden von den Hunnen vertrieben.

5.–4. Jh. v. Chr. Die Kelten (Gallier) verdrängen die etruskischen Völker in die Po-Ebene.

191 v. Chr. Oberitalien (inklusive Garda- und Iseosee) wird zur römischen Provinz *Gallia Cisalpina* mit dem Zentrum *Mediolanum* (Mailand).

89. v. Chr. Rom erteilt den wichtigsten Städten Oberitaliens (darunter Brescia und Verona) römisches Bürgerrecht. Unter der Statthalterschaft Julius Cäsars bzw. der Herrschaft seines Nachfolgers Kaiser Augustus entwickeln sich beide Städte zu wirtschaftlichen Zentren am Schnittpunkt bedeutender Handelsstraßen.

Malcesines Wahrzeichen: die Scaliger-Burg aus dem 13. Jahrhundert

Der Dichter Dante Alighieri lebte lange Zeit im Exil in Verona – »Dante und seine Dichtung« (1465) von Domenico di Michelino

4. Jh. n. Chr. Am Gardasee wächst die Zahl der Christen, denen 313 durch das Toleranzedikt Kaiser Konstantins freie Religionsausübung garantiert wird.

395 Teilung des Römischen Reiches in Ostrom mit der Hauptstadt Konstantinopel und Westrom, wozu auch Norditalien gehörte, mit der Hauptstadt Rom.

5./6. Jh. Die Völkerwanderung beschert Italien Zeiten kriegerischer Auseinandersetzungen und wechselnder Herrschaften.

452 Hunneneinfall in Italien: Die Po-Ebene wird verwüstet, Verona zerstört.

493–553 Die Ostgoten beherrschen Italien.

568–774 Langobardenherrschaft in Italien, Pavia wird Hauptstadt, Brescia und Verona avancieren zu Herzogsitzen.

774–888 774 wird das Langobardenreich vom Frankenkönig Karl dem Großen erobert, der sich mit der eisernen Langobardenkrone krönen lässt. Pavia bleibt Hauptstadt des fränkischen *Regnum Italiae*, das von Karls Sohn Pippin verwaltet wird. Dieser gründet die Mark Verona, zu der auch der Gardasee gehört.

9.–11. Jh. Otto I. besetzt Oberitalien; Verona und der Gardasee fallen an Bayern. Um 1000 gewinnen einzelne Stadtstaaten an Macht und befreien sich von der Herrschaft der deutschen Fürsten.

12. Jh. Anfang des Jahrhunderts schließen sich die lombardischen Städte zur »Veroneser Liga« (später »Lombardische Liga«) gegen Friedrich I. Barbarossa zusammen. Sie besiegen den Kaiser 1176 in der Schlacht von Legnano und erhalten 1183 im Frieden von Konstanz die Selbstverwaltung.

13.–14. Jh. Ab 1260 beherrscht das Geschlecht der kaisertreuen Scaliger – ihr Familienwappen, die Leiter *(scala)*, findet man noch heute an alten Gebäuden und in Schriftstücken – Verona und die Gebiete am Ostufer des Gardasees. Eine Zeit wirtschaftlicher Blüte setzt ein. Erst 1387 beenden die Visconti aus Mailand die Herrschaft der Scaliger.

Der Dichter Dante Alighieri wird 1302 von den papsttreuen »Schwarzen« Guelfen aus seiner Heimatstadt Florenz verbannt. Die Jahre des Exils, bis zu seinem Tod, verbringt er vor allem in Verona.

1405–1797 Venedig erringt die Herrschaft über das Ostufer, 1440 über das Gebiet des gesamten Gardasees (mit Ausnahme Rivas). Für die vorausgehende kriegerische Auseinandersetzung zu Wasser schafft man Galeeren vom Meer über die Berge. Salò wird Hauptverwaltungsort, ein *Capitano del Lago* vertritt die *Serenissima*.

1797–1815 Napoleon erobert Norditalien (Lombardei, Ligurien, Venetien), das 1802 zur Italienischen Republik ausgerufen wird. 1803 lässt er sich in Mailand zum König dieser Region krönen.

1814/15 Nach Napoleons Sturz verfügt der Wiener Kongress, dass Venetien, Südtirol-Trentino und die Lombardei Österreich unterstellt werden.

1821–61 Die italienische Einigungsbewegung, das *Risorgimento,* erkämpft in blutigen Auseinandersetzungen die Ausrufung des Königreichs Italien unter Vittorio Emanuele II. (1861). 1870 wird Rom zur Hauptstadt deklariert. Der Gardasee bleibt bis zum Ende der Donaumonarchie zum Teil österreichisch.

1919 Nach dem Ersten Weltkrieg fällt Südtirol-Trentino (mit Riva) im Friedensvertrag von Saint Germain an Italien.

1922 Mussolini erreicht im Anschluss an den Marsch seiner faschistischen Gefolgsleute auf Rom, dass ihm die Regierungsgewalt übertragen wird.

1943 Nach seiner Absetzung und Verhaftung im Juli wird Mussolini im September von deutschen Militärs befreit und gründet im von Deutschen besetzten Salò die *Repubblica Sociale Italiana*.

1945 Nach der Kapitulation der deutschen Streitkräfte in Italien wird Mussolini zusammen mit seiner Geliebten auf der Flucht in die Schweiz erschossen.

1946 In Italien wird die Republik ausgerufen.

1970 Der italienische Staat wird in 20 Regionen aufgeteilt, die Provinzen Trient, Lombardei und Venetien teilen sich das Gebiet des Gardasees.

Arco, wie Albrecht Dürer es zu Beginn des 16. Jahrhunderts sah (Louvre, Paris)

1992 Nach der Ermordung der Richter Falcone und Borsellino ermittelt die Staatsanwaltschaft, um Verflechtungen von Politik und organisiertem Verbrechen aufzudecken: *Mani pulite* (saubere Hände) wird zum Losungswort.

1993 Die politisch rechts stehende »Lega Nord«, die sich für die Trennung des wohlhabenden Nordens vom wirtschaftlich schwachen Süden einsetzt, gewinnt an Popularität.

1994 In Union mit der »Lega Nord« und den Neofaschisten gelangt die vom Medienpapst Berlusconi gegründete Partei »Forza Italia« an die Macht, doch bereits nach 226 Tagen im Amt scheitert die Regierung.

1996–98 Der konservative Ministerpräsident Dini tritt zurück.

2000 Verona wird UNESCO-Welterbe.

2001 Trotz einer Verurteilung wegen Bilanzfälschung wird Berlusconi erneut Regierungschef.

2003 Berlusconi übernimmt die EU-Ratspräsidentschaft.

2006 Bei den Wahlen zum Parlament im April unterliegt das von Berlusconi geführte Bündnis der Rechtsparteien knapp dem Mitte-Links-Bündnis unter Romano Prodi.

2008 Nach dem Scheitern der Regierung Prodi und Problemen vor allem in den Kommunen des Südens bescheren Neuwahlen eine weitere Amtsperiode für Berlusconi.

2009 Durch den Zusammenschluss der Rechtsparteien »Forza Italia« und »Nationale Allianz« zur »Popolo della Liberta« (PDL) im März kann Silvio Berlusconi, der sich zum Vorsitzenden der neuen Partei wählen lässt, seine Position stärken – trotz aller privaten und politischen Skandale.

2011 Brescia wird UNESCO-Welterbe.

2014 Matteo Renzi, ehemaliger Bürgermeister von Florenz, wird von Staatspräsident Giorgio Napolitano mit der Regierungsbildung beauftragt. Der Regierung gehören die sozialdemokratische »Partito Democratico« (PD), die Bürgerliste »Scelta Civica« (SC) und die Mitte-rechts-Partei »Nuovo Centrodestra« (NCD) an.

2015 Italiens neuer Staatspräsident heißt Sergio Mattarella. Der frühere sizilianische Verfassungsrichter folgt damit auf Giorgio Napoletano, der Mitte Januar nach neun Jahren im Amt zurückgetreten war.

2017 Nachdem Renzis neues Wahlgesetz beim Referendum Ende 2016 abgelehnt wurde und Renzi zurückgetreten ist, wird Paolo Gentiloni zum Ministerpräsidenten ernannt.

2018 Nach vorgezogenen Wahlen und schwieriger Regierungsbildung erhält Italien im Juni eine populistische Koalitionsregierung unter Ministerpräsident Giuseppe Conte.

2021 Präsident Sergio Mattarella ernennt den ehemaligen EZB-Chef Mario Draghi zum Ministerpräsidenten.

2022 Rücktritt von Mario Draghi im Juli wegen fehlender Unterstützung im Parlament. Bei Neuwahlen im September holt Giorgia Meloni die Mehrheit und bildet als Ministerpräsidentin eine Rechts-Koalition aus »Fratelli d'Italia«, »Lega« und »Forza Italia«.

2023 Im Mai ist der Wasserstand des Gardasees im Vergleich zu den Vorjahren knapp 50 Zentimeter niedriger. Dies ist insbesondere für die Landwirtschaft alarmierend. ■

Ein Rundgang durch die Stadt der unsterblichen Julia

Castelvecchio – Arena – Casa di Giulietta – Piazza delle Erbe – Piazza dei Signori – Sant' Anastasia – Teatro Romano – Museo Archeologico – Dom Santa Maria Matricolare – Basilica San Zeno Maggiore – Tomba di Giulietta.

Wer sich lange in Museen und Kirchen aufhält, wird vielleicht eine Mittagspause brauchen. Empfehlenswert sind z. B. die **Osteria Sottoriva** oder die **Bottega del Vino** (vgl. Service-Informationen).

Die von der Etsch umarmte Metropole 1 **Verona** ➡ R/S12/13, geprägt von der Romanze um Romeo und Julia, geschätzt wegen der spektakulären Opernfestspiele, blickt auf eine dramatische Geschichte zurück. Von der römischen Gründung (ab 89 v. Chr.) ragen als stolze Zeugen die Arena und das Theater heraus. Ihre Mauern widerstehen auch der Zerstörungswut der Hunnen. Der Ostgotenkönig Theoderich wählt Verona als Königssitz. Nach den Langobarden erobern die deutschen Kaiser die Stadt. Deutliche Spuren hinterlassen die kaisertreuen Scaliger (13. Jh.) mit Burg und Grabstätten, ab 1405 wird Verona für 400 Jahre von Venedig beherrscht und geprägt. Napoleon erobert die Stadt (ab 1796), muss sich Österreich beugen (ab 1814), bis 1866 das Veneto Anschluss an das Vereinte Italien findet.

Damit germanische Urlauber von heute Verona stimmungsvoll erleben, ist die Anreise vorher gut zu planen. Ab fast allen Urlaubsorten am Gardasee gibt es bequeme Busverbindungen, im Süden ab Peschiera del Garda und Desenzano auch mit der Bahn. Autofahrer müssen in der Stadt mit Parkproblemen rechnen, in der Altstadt ist das Parken ohnehin verboten. Ein Tipp, der Kummer vermeidet: Vom Gardasee kommend im Westen Veronas in die Via Pontida fahren, dort dem Hinweis *Centro* folgen. Nach der Ponte Risorgimento über den Lungadige Cangrande zur Piazza Arsenale, dort den Parkplatz *Arsenale* ansteuern.

Vom Arsenale sind es nur wenige Schritte zur imposanten, über die Etsch (Adige) führenden **Ponte Scaligero** ➡ cD3, die zum aus rotem Backstein errichteten **Castelvecchio** ➡ cD3 führt. Die Burg wurde 1354–56 vom despotischen Scaliger Cangrande II. erbaut, die Brücke sollte ihm als Fluchtweg dienen, denn der Tyrann konnte sich vor dem

Diesseits und jenseits der Etsch: Verona

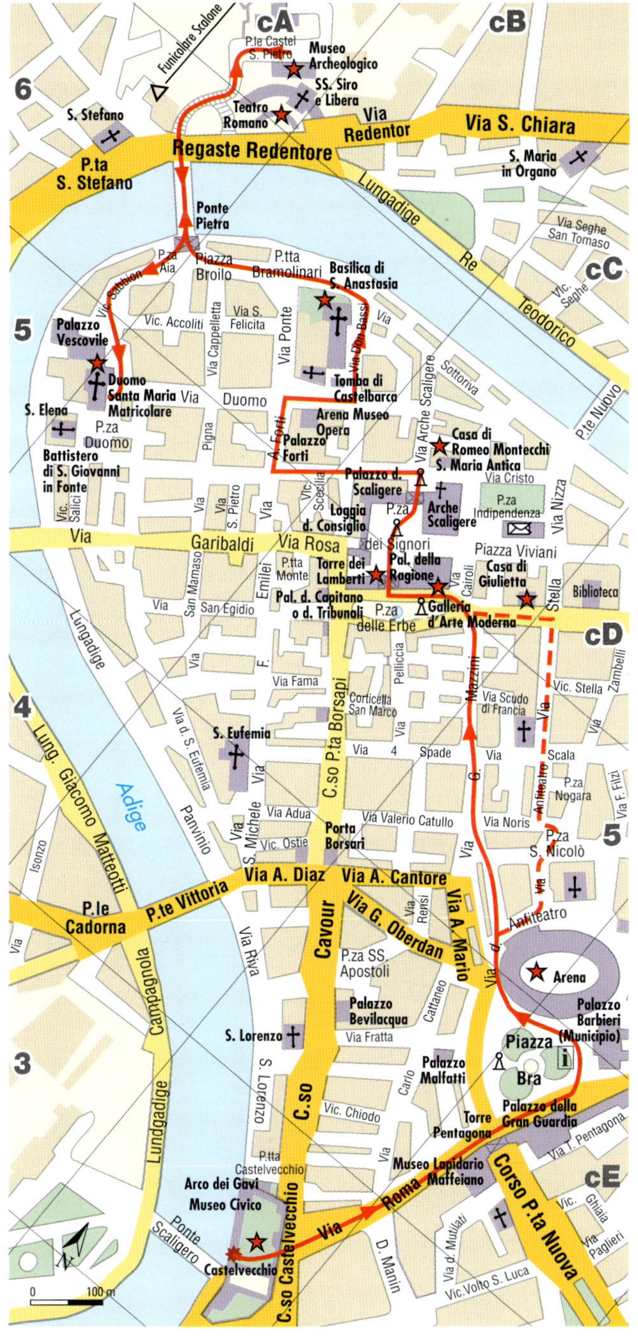
cA
cB
cC
cD
cE
6
5
4
3
Funicolare Scalone
P.le Castel S. Pietro
Museo Archeologico
SS. Siro e Libera
Teatro Romano
S. Stefano
P.ta S. Stefano
Regaste Redentore
Via Redentor
Via S. Chiara
S. Maria in Organo
Lungadige
Re
Teodorico
Via Seghe San Tomaso
Vic. Seghe
Ponte Pietra
P.za Aia
Piazza Broilo
P.tta Bramolinari
Basilica di S. Anastasia
Vic. Sabbion
Vic. Accoliti
Via Cappelletta
Via S. Felicita
Via Ponte
Via Don Bassi
Via Sottoriva
P.te Nuovo
Palazzo Vescovile
Duomo Santa Maria Matricolare
Via Duomo
Tomba di Castelbarca
Arena Museo Opera
S. Elena
P.za Duomo
Battistero di S. Giovanni in Fonte
Pigna
A. Forti
Palazzo Forti
Via Arche Scaligere
Casa di Romeo Montecchi
S. Maria Antica
Via Cristo
Palazzo d. Scaligere
Arche Scaligere
P.za Indipendenza
Via Nizza
Vic. Salici
Via S. Pietro
Vic. Scecilia
Loggia d. Consiglio
P.za dei Signori
Via Garibaldi
Via Rosa
Piazza Viviani
Pal. della Ragione
Casa di Giulietta
Via Cairoli
Via Stella
Biblioteca
Via San Mamaso
P.tta Monte
Torre dei Lamberti
Via San Egidio
Emilei
Pal. d. Capitano o d. Tribunali
P.za delle Erbe
Galleria d'Arte Moderna
Lungadige
Via F.
Via Fama
Via Pellicciai
Corticella San Marco
Mazzini
Via Scudo di Francia
Vic. Stella
Via Zambelli
Via d. S. Eufemia
S. Eufemia
C.so P.ta Borsari
Via 4 Spade
Via Scala
Lung. Giacomo Matteotti
Adige
Panvinio
Via Adua
Via Valerio Catullo
Via Noris
Via Anfiteatro
P.za Nogara
Via F. Filzi
Via S. Michele
Vic. Ostie
Porta Borsari
P.za S. Nicolò
Isonzo
Via A. Diaz
Via A. Cantore
Via G. Oberdan
Via A. Mario
Via Rensi
P.le Cadorna
P.te Vittoria
Cavour
Via Riva
Campagnola
P.za SS. Apostoli
Anfiteatro
Arena
Palazzo Bevilacqua
Cattaneo
Via Fratta
S. Lorenzo
Palazzo Barbieri (Municipio)
Piazza Bra
Palazzo Malfatti
Carlo
Lungadige
S. Lorenzo
C.so
Vic. Chiodo
Torre Pentagona
Palazzo della Gran Guardia
Via T. Pentagona
P.tta Castelvecchio
Arco dei Gavi
Museo Civico
Museo Lapidario Maffeiano
Corso P.ta Nuova
Via Roma
Vic. Ghiaia
Via Paglieri
Ponte Scaligero
Castelvecchio
C.so Castelvecchio
D. Manin
Via d. Mutilati
Vic. Volto S. Luca
0
100 m

eigenen Volk nicht mehr sicher fühlen. Im Kastell ist das **Museo Civico** untergebracht, die bedeutendste Kunstsammlung der Stadt, mit dem berühmten Reiterstandbild des Cangrande I. della Scala.

Gleich gegenüber der Burg führt die Via Roma in die Via degli Alpini, neben der sich die großzügige **Piazza Brà** ➡ cE4 ausbreitet. Restaurants und Bars reihen sich hintereinander auf, rechts steht das Rathaus aus der Zeit der Habsburger, in der Mitte ein sprudelnder Brunnen mit dem Münchner Kindl, Wahrzeichen der Schwesternstadt München. Doch unweigerlich zieht die imposante **Arena** ➡ cD/cE5 alle Blicke auf sich. Um auf die Festspiele im Oval des Amphitheaters (128 m lang, 109 m breit) und auf die römische Vergangenheit Veronas aufmerksam zu machen, werben als Gladiatoren verkleidete Bürger vor dem Eingang und lassen sich gern (gegen eine Spende) fotografieren.

Vom Platz aus geht der Einkaufsboulevard **G. Mazzini** ➡ cC/D5 direkt zur **Piazza delle Erbe** ➡ cC5, dem Kräuterplatz. Wer aber schneller Julia besuchen will, nehme die parallele Via Stella, die direkt zur **Casa di Giulietta** ➡ cC6 führt. Nach Besichtigung des von Romeo erkletterten Balkons und Streicheleinheiten für die im Hof stehende Bronze-Giulia geht es nach dem Verlassen des Palazzo Capuleti rechts zur Piazza delle Erbe, nach Meinung vieler Besucher der schönste Platz Veronas. Im Hintergrund schließt der **Torre del Gardello** das Areal ab, rechts wird der mit Fresken versehene Scaliger-Bau **Case dei Mazzanti** gern fotografiert. In der Mitte ragt die **Fontana di Madonna Verona**, der Marktbrunnen mit der Statue der Schutzheiligen, heraus, ebenso die **San-Marco-Säule** mit dem Markuslöwen, dem Symbol Venedigs als ehemaligem Eroberer.

Unter dem **Arco della Costa**, dem Torbogen mit der Walfischrippe, geht es weiter zur **Piazza dei Signori** ➡ cC5/6, in das Viertel der Skaliger-Dynastien. Das **Dante-Denkmal** in der Mitte erinnert an den Dichter als Gast von Cangrande I. della Scala; Dante verewigte das Herrschergeschlecht in seiner »Göttlichen Komödie«. Der wunderschöne Platz ist auch aus der Vogelperspektive zu betrachten: Nach dem Arco della Costa führt rechts der Corte Mercato Vecchio zum Zugang zur **Torre dei Lamberti** ➡ cC5 mit tollem Blick über die Stadt. Nebenan wurde im Palazzo della Ragione die **Galleria d'Arte Moderna** ➡ cC5/6 eingerichtet.

Ein paar Schritte weiter steht man hinter dem Bogen des Palazzo del Governo staunend vor den **Arche Scaligere** ➡ cC6, den prächtigen, mit Säulen, Pyramiden und Baldachinen geschmückten Grabmonumenten der Skaliger. Eine Stätte der Verehrung für alle, ob Politiker oder Mäzen, Mörder, Kriegsverbrecher oder Gemeuchelte. Nebenan steht die romanische Hauskirche des Geschlechts, **Santa Maria Antica** ➡ cC6 (12. Jh.), an ihrer Front das Grabmal von Cangrande I. mit dem berühmten Reiterstandbild (eine Kopie, Original im Museum des Castelvecchio).

Mit einem Schlenker vorbei am Palazzo Forti mit dem neuen **Arena Museo Opera** ➡ cB6 erreicht man am Ufer der Etsch die **Via Sottoriva** ➡ cB6, unter deren Arkaden Restaurants auf ein Gläschen oder eine Pasta einladen. Hier steht auch die Kirche **Sant'Anastasia** ➡ cB6 am gleichnamigen Platz. Sehenswert sind die spätgotischen Fresken im sogenannten Höfischen Stil, der Höhepunkt in der Sakristei ist das Fresko »Aufbruch des hl. Georg zum Kampf mit dem Drachen« (um 1433, Antonio Pisano, genannt Pisanello). Ein Stück weiter nördlich geht es über die römische Ponte Pietra zum **Teatro Romano** (1. Jh. n. Chr.) mit dem **Archäologischen Museum** ➡ cA7 in einem ehemaligen Kloster. Das Teatro wird heute für sommerliche Freiluft-Theateraufführungen genutzt, das Museum ist per Aufzug zu erreichen. Zu sehen sind dort antike Funde aus Verona und Umgebung: Mosaikfußböden, etruskische und römische Bronzefiguren, Gläser und Keramik.

Wieder unten an der Etsch, folgt man ihr kurz westwärts bis zur Via Duomo mit Veronas **Dom Santa Maria Matricolare** ➡ cA/cB5. Der romanische Außenbau mit gotischem Innenleben zeigt im linken Seitenschiff Tizians Meisterwerk »Himmelfahrt Mariens« (1530–35) und auf der zusammengesetzten Altarwand eine »Anbetung der Könige« (Ende 15. Jh., Liberale da Verona) mit einer wunderschönen venetischen Hügellandschaft.

Der berühmte Balkon der Julia im Hof des Palazzo Capuleti

Schon auf der Fahrt vom Gardasee in die Stadt sind vor Überquerung der Ponte Risorgimento die Türme der **Basilica San Zeno Maggiore** ➡ cC1 zu sehen. Wer auf der Herfahrt bei der Suche nach Parkmöglichkeiten den Abstecher zur Piazza San Zeno nicht wagte, kann die Lieblingskirche der Veroneser Bürger vom Castelvecchio aus zu Fuß nach einem knappen Kilometer oder mit der Buslinie Nr. 31 erreichen. Das dem Stadtheiligen von Verona San Zeno geweihte Gotteshaus wurde im 10. Jahrhundert begonnen und 1138 erweitert.

Lange bleiben die Besucher vor der Fassade stehen, einem Meisterwerk der Bildhauerei: Oben das Radfenster, volkstümlich Glücksrad genannt, auf beiden Seiten des Portals unterhaltsame Monatsbilder, zwei Löwen tragen die Säulen des Baldachins, im zentralen Bogenfeld übergibt der heilige Zeno das Stadtbanner dem Volksheer Veronas. Die alten Bronzetüren stehen geschützt hinter dem Portal, sind also nur von innen zu betrachten. Sie zeigen Szenen aus dem Alten und dem Neuen Testament sowie aus dem Leben des heiligen Zeno. Im fast vollständig freskierten Kircheninneren ist am Hochaltar die »Madonna mit Heiligen« von Andrea Mantegna Zentrum des Interesses. Mantegna erzielt hier in unnachahmlicher Weise eine dreidimensionale Wirkung. Links vom Hochaltar lächelt sanft San Zeno, eine lebensgroße Marmorgestalt, Symbol der Veroneser, ihr Vorbild, wie sie selbst gern sagen, um ihr freundliches Wesen zu unterstreichen. Der Reliquienschrein des im Jahr 380 verstorbenen Heiligen befindet sich in der Krypta.

Etwas abseits vom Zentrum liegt die **Tomba di Giulietta** ➡ cF6, das Grab der Julia – Liebhaber der romantischen Geschichte von Romeo und Julia werden es sich jedoch nicht entgehen lassen. Von der Piazza Brà aus ist es über die Via degli Alpini, Via Pallone, Via del Pontiere und Via Luigi da Porto insgesamt nicht mal einen Kilometer entfernt. Im ehemaligen Franziskanerkloster (San Francesco al Corso) steht in einem fast dunklen Raum unter einem niedrigen Tonnengewölbe ein schlichter Sarkophag, Julias angeblich letzte Ruhestätte. Außerdem sollen die beiden Liebenden hier heimlich getraut worden sein. Die stille Atmosphäre des bescheidenen Klosters trägt dazu bei, dass sich Romantiker an dieser Stelle in Shakespeares Tragödie »Romeo und Julia« vertiefen. Und wer sein Glück in der Liebe beschwören will, werfe eine Münze in den Brunnen im Klosterhof. Vielleicht hilft's …

Weltberühmt: der romanische Fassadenschmuck von San Zeno Maggiore in Verona

Service-Informationen Verona

Tourist Information ➡ cE4
Via Leoncino 61, Piazza Bra
37121 Verona
✆ 045 806 86 80
www.visitverona.it
Hier erhalten Gäste alle wichtigen Informationen und können die VeronaCard kaufen.

Ticketverkauf für Arena
Auskunft über www.arena.it
✆ 045 800 51 51
cs@arenadiverona.it

Parken
Die historische Altstadt ist für Autos gesperrt. Kostenlose unbewachte Parkmöglichkeiten bestehen am Bahnhof (Via Città di Nîmes), am Fußballstadion und in Borgo Venezia. Unter den bewachten Parkplätzen ist für Besucher zu empfehlen:

Arsenale ➡ cB3
Piazza Arsenale 8, Verona
Anfahrt vgl. S. 10

Preiswert zu Veronas Schätzen

Sei es die faszinierende Arena, der legendäre Balkon der Julia oder ihr Grab, die Besteigung des Lambertiturms mit atemberaubendem Blick auf die Stadt, seien es die schönsten Kirchen in Verona und ihre reichen Museen – jedenfalls alle im Text beschriebenen Sehenswürdigkeiten sind mit der **VeronaCard** (www.veronacard.it) entweder kostenfrei oder zu einem ermäßigten Preis zu besichtigen. Ebenso kann die Karte für die öffentlichen Verkehrsmittel der Stadt genutzt werden. Man erhält sie an der Kartenverkaufsstelle der jeweiligen Sehenswürdigkeit und in Tabakläden. Die VeronaCard gibt es in zwei verschiedenen Ausführungen: für € 20 (gültig für 24 Stunden ab erster Verwendung) oder für € 25 (gültig für 48 Stunden), unter 7 J. frei.

Außerdem gibt es auch einen **Kirchenpass** speziell für San Zeno, Duomo, Sant'Anastasia und San Fermo. Das Sammelticket kostet € 8 (ab 12 J.), jeder Kirchenbesuch einzeln sonst € 2,50. Man erhält den Pass in jedem der Gotteshäuser.

www.parkme.com
24 Std. geöffnet, jede Stunde € 2,20, Tagesgebühr € 16

Arena Museo Opera ➡ cB6
Via Massalongo 7
Verona
✆ 045 803 04 61
www.arenamuseopera.com
Originale wie Briefe und Autogramme der Komponisten Bellini, Donizetti, Puccini, Rossini und Verdi, auch Kostüme, Bühnenbilder, Fotos zur Geschichte der Arena.

Galleria d'Arte Moderna Achille Forti ➡ cC5/6
Cortile Mercato Vecchio 6
Verona
✆ 045 800 19 03
gam.comune.verona.it
Werke italienischer Künstler von den 1970er Jahren bis heute.

Museo Civico di Castelvecchio ➡ cD3
Corso Castelvecchio 2, Verona
✆ 045 806 26 11
www.museodicastelvecchio.comune.verona.it
Die bedeutendste Kunstsammlung Veronas mit Gemälden von Tiepolo, Tintoretto, Mantegna und Veronese.

Arena di Verona ➡ cD/E4/5
Piazza Bra 28, Verona
✆ 045 800 51 51
www.arena.it
Das drittgrößte erhaltene antike Amphitheater. Wo früher Gladiatoren kämpften, treten heute vor allem im Sommer Stars der klassischen sowie der Rockmusik auf.

Basilica di San Zeno Maggiore ➡ cC1
Piazza San Zeno 2
Verona
www.basilicasanzeno.it
Die Lieblingskirche der Veroneser (10.–12. Jh.) ist schon von außen ein Meisterwerk der Bildhauerei. Im Inneren steht Mantegnas »Madonna mit Heiligen« im Zentrum des Interesses.

Das grandiose römische Amphitheater im Herzen Veronas

Zypressen auf dem Colle San Pietro in Verona

Casa di Giulietta ➡ cC6
Via Cappello 23, Verona
✆ 045 807 75 78-75 33
www.verona.com/de/verona/casa-di-giulietta
Angebliches Wohnhaus der Julia mit Balkon, im Hof steht die Bronzestatue.

Dom Santa Maria Matricolare ➡ cA/B5
Piazza Duomo 21
Verona
✆ 045 59 28 13
www.cattedralediverona.it
Veronas Dom wartet mit einem Meisterwerk von Tizian auf.

Santa Maria Antica ➡ cC6
Via Arche Scaligeri 3
Verona
www.santamarianticaverona.it
Eintritt frei
Hauskirche der Skaliger, nach anstrengendem Stadtbummel ein Ort der Ruhe.

Sant'Anastasia ➡ cB6
Piazza Sant'Anastasia s/n, Via Don Bassi 2, Verona
www.chieseverona.it
In den Chorapsiden ist bedeutende spätgotische Malerei zu bewundern.

Teatro Romano und Museo Archeologico ➡ cA6/7
Via Regaste Redontore 2, Verona
✆ 045 800 03 60, www.museoarcheologico.comune.verona.it
Antikes römisches Theater mit Flussblick. Mosaiken, Bronzefiguren, Gläser und Keramik im Archälogischen Museum.

Tomba di Giulietta ➡ cF6
Via Luigi da Porto 5
Verona
✆ 045 800 03 61
Ein Muss für Romantiker und Shakespeare-Fans: Hier soll Julia heimlich ihren Romeo geehelicht sowie ihre letzte Ruhe gefunden haben.

Torre dei Lamberti ➡ cC6
Via della Costa 2 (Zugang von der Piazza dei Signori), Verona
✆ 045 927 30 27
www.torredeilamberti.it
Der auf das 12. Jh. zurückgehende Turm bietet einen einmaligen Blick über die Stadt. Aufzug vorhanden.

Locanda 4 Cuochi ➡ cD4
Via Alberto Mario 12
Verona

✆ 045 803 03 11
www.locanda4cuochi.it
Erstklassiges Restaurant in einer ruhigen Seitenstraße hinter der Oper, hochwertige Qualität, kreative Küche, sehr freundlicher Service, professionelle Weinberatung. Reservierung ist ratsam. €€€€

Arche ➡ cC6
Via Arche Scaligere 6
Verona
✆ 045 800 74 15
www.ristorantearche.com
Spezialität dieses sehr guten Restaurants im Herzen der Altstadt sind Meerestiere. €€€

Bottega del Vino ➡ cD5
Via Scudo di Francia 3
Verona
✆ 045 800 45 35
www.bottegavini.it
Rustikales Restaurant mit venetischen Gerichten, getrennter Raum mit Riesentheke für Kleinigkeiten. €€€

Ostregheteria Sottoriva
➡ cC6
Via Sottoriva 23, Verona
✆ 045 800 99 04
www.sottoriva23.com
Das stimmungsvolle Restaurant unter Arkaden mit Holztischen serviert traditionelle Veroneser Küche. €€€

Re Teodorico ➡ cA7
Piazzale Castel San Pietro 1
Verona
✆ 045 834 99 03
www.teodoricore.com
Restaurant und Loungebar mit toller Aussicht auf die Stadt und exquisiter Küche. €€€

da Pino ➡ cD4
Piazza Brà 20, Verona
✆ 045 853 11 91
www.dapino.it/locali/verona
Preiswertes Restaurant, bei Familien besonders beliebt wegen der großen Auswahl an Pizzen. €–€€

Al Carro Armato ➡ cC6
Geviert Vicolo Gatto 2/Via Due Stelle/Via San Pietro Martire
Verona
✆ 045 803 01 75
Einfache, bei jungen Leuten beliebte Osteria, hausgemachte Pasta. €

Antiquitätenmarkt ➡ cC1
Jeden 3. Sa im Monat rund um die Piazza San Zeno. ■

Der Dichter als Statue auf der Piazza Dante

Ein Rundgang durch das lombardische Schatzkästchen

Kloster Santa Giulia – Santa Maria in Solario – San Salvatore – Museum Santa Giulia – Area Archeologica del Capitolium mit Forum Romanum – Monti di Pietà – Piazza della Loggia – Piazza Paolo VI – Piazza della Vittoria – Castello.

Wer sich lange in Museen und Kirchen aufhält, wird vielleicht eine Mittagspause brauchen. Empfehlenswert sind z. B. die **Osteria al Bianchi** oder das Restaurant **Al Granaio** (vgl. Service-Informationen).

Gardasee-Urlauber kriegen oft einfach nicht die Kurve, die Regional-Hauptstadt 2 **Brescia** ➡ aF1 zu besuchen. Insider meinen, bei deutschsprachigen Gästen liege das am Namen, genauer an der Aussprache, denn »Brescha« (ital. Aussprache) wird – des Italienischen nicht mächtig – in der Regel »Breskia« ausgesprochen. Belegt ist, dass manche Urlauber auf die Frage, wie sie zur lombardischen Kulturmetropole »Breskia« kämen, zum ähnlich klingenden Peschiera gewiesen wurden. In der Antike hieß die Stadt Brixia und diesen Namen wählte auch die Handelskammer für ihre Messe Pro Brixia Expo oder der erfolgreiche Basketball-Verein Brixia Basket mit Sitz im Brixia Sport Center. Doch Brixias Touristiker wollen am schwierigen Brescia nicht rütteln, auch wenn die Stadt lombardisch Brésa heißt, venetisch Bressa.

Die Busanbindung der zweitgrößten Stadt der Lombardei ist ab dem Gardasee hervorragend. Autofahrer sollten einen Parkplatz am Rande von Brescia wählen, die Altstadt ist ohnehin ZTL-Zone, Einfahrt verboten, es sei denn, man hat ein Hotel gebucht (die Rezeption regelt die Regelwidrigkeit mit der Polizei). Um die historischen Highlights bequem zu erreichen, ist – vom Gardasee kommend – die Tiefgarage an der **Piazzale Arnaldo** ➡ bD7 zu empfehlen. Von dort ist über die von Palästen, Bars und Cafés eingerahmte Piazza Teobaldo Brusato in sechs Minuten die Via Musei erreicht, der Start unseres historischen Stadtbummels. Hier wurden der historische Komplex von San Salvatore/Santa Giulia und der archäologische Bereich des Forum Romanum auf die Liste des UNESCO-Welterbes gesetzt. Beide historischen Zeugnisse

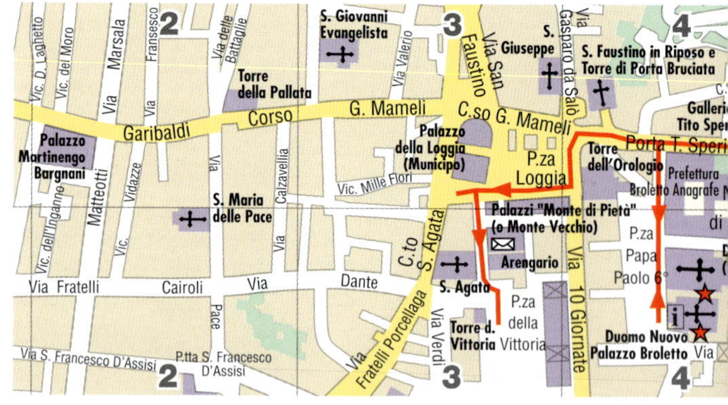

Blick auf Brescia und die barocke Kuppel des Duomo Nuovo

einer großen Vergangenheit liegen dicht beieinander. Ein kurzer Fußweg führt vom Museum Santa Giulia bis zum Forum Romanum mit den beeindruckenden Resten des römischen Kapitols.

Bleiben wir zunächst im Gebäudekomplex des **Klosters Santa Giulia** ➡ bC6, einst das geistige Zentrum Brescias mit drei Kreuzgängen und drei Kirchen; bis die napoleonische Säkularisation, die Verstaatlichung kirchlichen Besitzes, 1798 das Klosterleben zum Erliegen brachte. Fast alles, was nicht niet- und nagelfest war, wurde geraubt. Geblieben sind in der Kirche **Santa Maria in Solario** ➡ bC6 zwei äußerst sehenswerte Kostbarkeiten: Erstens im Unterbau die Lipsanothek (Reliquienkästchen) aus Elfenbein (370 n.Chr.) mit kunstvoll geschnitzten Darstellungen aus dem Alten und Neuen Testament. Zweitens in der darüberliegenden Hauskapelle das im 9. Jahrhundert gefertigte goldene Kreuz des Langobardenkönigs Desiderius mit mehr als 200 Edelsteinen und Glasmedaillons. Als Meisterwerk darf das spätantike Glasmedaillon bezeichnet werden, das in realistischer Darstellung eine Frau und zwei Jugendliche zeigt. Die Versuche, in der Frau eine der langobardischen

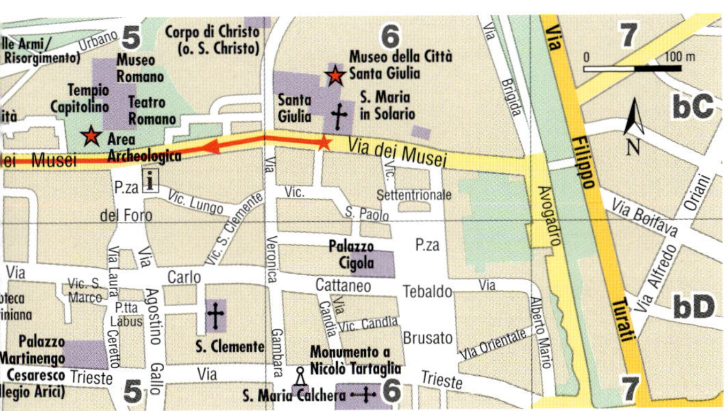

Deutsche Kaiser und ihre Frauen in Italien

Im 5. und 6. Jahrhundert erobern die ursprünglich aus dem Elbraum kommenden Langobarden (»Langbärte«) Oberitalien. 774 unterwirft der Frankenkönig und spätere Kaiser Karl der Große (747–814) den letzten König der Langobarden, Desiderius, heiratet dessen Tochter Irmingardis (Name unsicher), die er aber bald verstößt. Die Prinzessin zieht sich in das von ihrem Vater gegründete Kloster San Salvatore, heute Teil des Museumsareals Santa Giulia, in Brescia zurück. An ihren Vater erinnert in der Kirche Santa Maria in Solario das prunkvolle Desideriuskreuz mit über 200 Edelsteinen, Kameen und Glasmedaillons. Es steht im Zentrum der mit langobardischen Fresken und einem mit Sternendekor geschmückten Kreuzgewölbe reich bemalten Hauskapelle.

Ein anderer deutscher Kaiser spielte knapp 200 Jahre später Schicksal mit dem Leben einer Adeligen im heutigen Italien. Die verwitwete Adelheid von Burgund (931–99) sollte auf Wunsch des Herrschers Berengar II. dessen Sohn Adalbert heiraten (951). Sie weigerte sich und wurde in einem Turm der Rocca über dem heutigen Ort Garda (vgl. S. 36) gefangen gehalten. Mithilfe eines Mönchs gelang ihr die abenteuerliche Flucht vom steilen Felsen, und sie rief den bayerischen Otto I. (912–73), König des Ostfrankenreiches zu Hilfe. Dieser besiegte Berengar II., wurde König von Italien und heiratete Adelheid. 962 verlieh ihm der Papst in Rom den Titel eines Kaisers des Heiligen Römischen Reiches, Adelheid war damit Kaiserin. Wegen ihrer Mildtätigkeit wurde sie 1097 heilig gesprochen.

oder ravennatischen Kaiserinnen mit ihren Kindern zu sehen, schlugen fehl. Fest steht, dass es sich um eine hellenistische Arbeit des 4. Jahrhunderts handelt. Das kuppelartige Oratorium wurde von Floriano Ferramola reich mit Fresken ausgestattet (1513). Auf der rechten Seite ist das Leben der heiligen Giulia (Julia) dargestellt, die dem Museum ihren Namen gab. Die frühchristliche Märtyrerin, Patronin von Brescia, wurde wegen ihres Glaubens gefoltert und gekreuzigt (um 440 in Tunesien oder um 618 auf Korsika).

Das **Museo della Città Santa Giulia** ➡ bC6 zeigt in didaktisch hervorragender Weise das städtische Kulturerbe von der Römerzeit bis hin zum 18. Jahrhundert. Etwa 11 000 Exponate künden von der abwechslungsreichen Geschichte der römischen Provinzstadt Brixia. Zu entdecken sind aus der Keltenzeit (ab 400 v. Chr.) Metallhelme und kleine Silberscheiben mit den Köpfen besiegter Feinde. Die Römerzeit (1. Jh. v. Chr.–5. Jh. n. Chr.) hinterließ Grabstelen, Mosaiken, Glas, Keramik und Schmuck. Doch die absolute Attraktion sind sechs überlebensgroße Bronzeköpfe (3. Jh.), Porträts römischer Bürger. Die Langobardenzeit mit Waffen, Schmuck, Gürtelschließen und Tongefäßen wird aber in eindrucksvoller Weise vor allem repräsentiert durch die **Königskirche San Salvatore**, eine Gründung des Desiderius aus seiner Zeit als Herzog von Brescia. Architektonischer Höhepunkt ist das Mittelschiff mit Marmorsäulen, gekrönt von stuckierten Kapitellen aus antiken Bauten. Neben der rechten Arkadenreihe sieht man durch ein Gitter im Kirchenboden Fundamente des Vorgängerbaus aus dem 7. Jahrhundert und das Grab Ansas, der Gemahlin des Desiderius. Stark vertreten durch viele Reliefs, Bilder und kunsthandwerkliche Produkte ist die politisch wie kulturell durch die Herrschaft Venedigs geprägte Renaissance, Spenden der reichen Bürger Brescias.

Draußen, in der Via Musei, sind in der **Area archeologica del Capitolium** ➡ bC5 nach wenigen Schritten die Relikte römischer Zeit zu sehen: das mit korinthischen Säulen geschmückte **Kapitol**, das **Römische Theater** mit ehemals 15 000 Zuschauerplätzen und zu seinen Füßen das **Forum**, Markt- und Handelsplatz von Brixia. Im Kapitol, 73 n. Chr. von Kaiser Vespasian gebaut, ist die **Cella**, ein unterirdischer Kultraum, sehenswert. Höhepunkt ist jedoch die in einem gesonderten Raum untergebrachte bronzene, geflügelte **Siegesgöttin Vittoria allata** aus dem 1. Jh. n. Chr, stolze 1,91 Meter hoch.

Ein Schwenk führt zur **Piazza Paolo VI.** ➡ bD4 mit dem **Alten** und dem **Neuen Dom** (1604–1825), dessen 80 Meter hohe Kuppel die gesamte Nachbarschaft überragt, auch den **Palazzo Broletto** ➡ bD4 mit dem Torre Civica (13. Jh.) und der Loggia delle Gride. Rund um die **Piazza della Loggia** ➡ bC3 locken Restaurants und Bars zu einer Rast im Freien. Von überall kann man den prächtigen Renaissance-Bau der Loggia bewundern. Vor allem aber die astronomische Uhr aus dem 16. Jahrhundert, die bis heute alle astronomischen Daten anzeigt – soweit sie der Betrachter versteht. Besser zu verstehen ist die Zeitangabe am Uhrturm, der **Torre dell'Orologio** ➡ bC4, wo zwei Mohren die Stunden schlagen, die Kopie einer venezianischen Tradition. Denn bis hierher, bis nach Brescia, reichte einst die Herrschaft Venedigs.

Der weiter südlich liegenden **Piazza della Vittoria** ➡ bD3 musste 1932 ein mittelalterliches Stadtviertel weichen. Die faschistische Regierung unter Mussolini brauchte Platz für große Aufmärsche und machtbewusste Demonstrationen. Entsprechend überdimensioniert und kalt wirken die Kolossalbauten heute. Zwischen der Piazza della Loggia und der Piazza della Vittoria sind die zwei Häuser der **Monte di Pietà** ➡ bC/D3 zu bewundern. Die »Berge des Mitleids«, wie die Pfandhäuser genannt wurden, verlangen auch die Bewunderung der listigen lombardischen Kaufleute. Das kirchliche Verbot, für geliehenes Geld Zinsen zu kassieren, umgingen sie mit dem Trick, Wertsachen als Pfand zu lagern. Die bei der Einlösung des Pfandguts verlangten Gebühren wurden nicht als Zins angesehen und die Seelen der Bänker mussten nicht in der Hölle schmoren.

Beim Rundgang durch das flach liegende Brescia sieht man von überall die mächtigen Mauern des **Castello** ➡ bB5 auf dem Cidneo-Hügel. Venedig erweiterte die Befestigungsanlagen früherer Herrscher. Passend zur wehrhaften Bestimmung wurde in der Burg das **Waffenmuseum** untergebracht und das **Museo del Risorgimento**, das an die Zeit der Befreiung von österreichischer Herrschaft erinnert. Der mühsame Aufstieg soll bald durch den Bau einer gläsernen Zahnradbahn erleichtert werden.

Auf der Piazza della Loggia in Brescia

Service-Informationen Brescia

Tourist Information ➡ bF3
– Via Triste 1, 25121 Brescia ➡ bD4
– Via della Stazione 47 (am Bahnhof), 25124 Brescia ➡ bF2
– Piazza del Foro 6, 25121 Brescia ➡ bC5
(IAT von der Provinz betrieben)
✆ 030 306 12 00, 374 99 16
www.bresciatourism.it

Area archeologica del Capitolium ➡ bC5
Via Musei 57, Brescia
✆ 030 297 78 33, 030 297 78 34
www.bresciamusei.com
Das Ausgrabungsgelände ist geprägt vom Kapitol. Integriert ist ein Museum zur römischen Ära Brescias. Nach dreijähriger Restaurierung wurde die Statue der antiken Siegesgöttin Victoria, Vittoria alata, dem Publikum in einer eigenen Halle wieder zugänglich gemacht.

Castello mit Waffenmuseum/Museo delle Armi Luigi Marzoli und Museo del Risorgimento ➡ bB4/5
Via Castello 9, Brescia
✆ 030 297 78 33 (Risorgimento)
✆ 030 29 32 92 (Waffenmuseum)

Der prächtige Renaissance-Bau der Loggia (Brescia)

www.bresciamusei.com
Castello Eintritt frei
Castello: Die Besichtigung der Gärten und der Rundgang um die Türme lohnen sich, der Blick auf die Stadt ist einzigartig.
Waffenmuseum: Gezeigt wird eine der reichsten europäischen Sammlungen von antiken Rüstungen und Waffen, im Elch-Saal sind mit Hellebarden und Sensenspießen bewaffnete Fußsoldaten und Reiter zu sehen.
Risorgimento-Museum: Die soziale und ökonomische Geschichte der Provinz wird beleuchtet, mit Schriftsammlungen aus der Epoche des Risorgimento, der Befreiung Italiens.

Museo della Città Santa Giulia ➡ bC6
Via dei Musei 81 B, Brescia
✆ 030 297 78 33/34
www.bresciamusei.com
Das Glanzstück des Museums ist in der Kirche Santa Maria in Solario das Kreuz des Desiderius (Ende 8. Jh.) mit zahlreichen Edelsteinen und Gemmen.

Duomo Nuovo/Neuer Dom ➡ bD4
Piazza Paolo VI, (Piazza Duomo s/n), Brescia
✆ 030 372 21
www.diocesi.brescia.it
Eintritt frei
Das monumentale Werk hat als Grundriss ein griechisches Kreuz innerhalb eines Quadrats (17. Jh.). In der Trinitäts-Kapelle ist das Altarbild von Giuseppe Nuvolone (1679), Votivbild für die Pest von 1630, zu sehen.

Duomo Vecchio/Alter Dom ➡ bD4
Piazza Paolo VI. (Piazza Duomo s/n), Brescia
✆ 030 372 21

Seit dem 1. nachchristlichen Jahrhundert überragt der Kapitolinische Tempel das Forum von Brescia

www.diocesi.brescia.it
Eintritt frei
La Rotonda, die Rundkirche, überzeugt durch die äußere Struktur und Schönheit. Vom Hochaltar sind beim Blick in die Krypta römische Mosaikfußböden zu sehen.

Al Frate → bC4
Via dei Musei 25, Brescia
✆ 030 377 05 50
www.alfrate.com
Zentral gelegen, gute Küche, vorwiegend Fleischgerichte. €€€

Vecchio Botticino → bD6/7
Piazzale Arnaldo 6, Brescia
✆ 030 637 18 30, www.facebook.com/Vecchiobotti
Stimmungsvolle Trattoria, einheimische Küche, sehr gute Pasta, große Weinauswahl, bei Familien beliebt. €€–€€€

Al Granaio → bD6/7
Piazzale Arnaldo 15, Brescia
✆ 030 375 93 45, www.facebook.com/granaiobrescia
Bar, Restaurant und Osteria in einer historischen Lagerhalle, stimmungsvoll. €€

Osteria al Bianchi → bC3
Via Gasparo da Salò 32
Brescia
✆ 030 29 23 28
www.osteriaalbianchi.net
Beliebter Treffpunkt der Einheimischen. €€

Trattoria Il Gasparo → bC3
Via Gasparo da Salò 24
Brescia
✆ 030 240 02 26
www.trattoriagasparo.it
Zentral gelegen. Lokale Spezialitäten. €€

Antiquitätenmarkt → bD3
Jeden 2. So im Monat (außer Juli/Aug.) unter den Arkaden der Piazza Vittoria.

Wochenmarkt → bD3, bC3
Samstags auf der Piazza della Loggia. ■

Reiseregionen, Orte und Sehenswürdigkeiten

Der Norden

Die Reihenfolge der Vista Points entspricht dem Uferverlauf von Westen nach Osten.

Von der Festung Arco aus kann man sehen, wie bis vor 10 000 Jahren Gletscher und mitgeschleppte Felsen den fjordartigen oberen Teil des Gardasees geschliffen haben. Zu Füßen der Rocca füllt der Fluss Sarca das Gewässer. Heute ist der Norden mit dem historischen Riva und vor allem das benachbarte Torbole ein berühmtes Sportgebiet für Surfer, Kiter und Segler. Regelmäßige Winde garantieren beste Bedingungen. Auch Kletterer und Biker schätzen den sportlichen Norden rund um Arco.

Riva del Garda  C9

Beim Bummel durch die Fußgängerzone spürt der Besucher schnell die turbulente Geschichte Rivas, besonders geprägt durch den venezianischen und habsburgischen Baustil. Die erste Begegnung ist an der mit Kolonnaden gesäumten Piazza 3 Novembre der 34 Meter hohe, leicht schiefe **Torre Apponale** (12. Jh.), der über 165 Stufen bestiegen werden kann. Platz und Turm dienten als Kulisse von Heinrich Manns Theater-Roman »Die kleine Stadt«. Heinrich und Thomas Mann hielten sich Ende des 19., Anfang des 20. Jahrhunderts gern im Modebad der österreichischen Monarchie zur Kur auf. Auch Franz Kafka fand 1909 in den romantischen Gassen seine große Liebe und schrieb hier die »Briefe an Felice«.

Gern besucht wird am Ende der Via Gazzoletti die alte von den Skaligern erbaute Wasserburg **Rocca di Riva** (12. Jh.,) die das **Museo Civico** beherbergt. Zu sehen sind römische und mittelalterliche Funde sowie eine Gemäldesammlung italienischer Meister.

Auf dem Rückweg fällt zwischen Ufer und Piazza 9 Novembre das markante Hotel Sole auf.

Windsurfing in Torbole

In einzigartiger Lage: Riva del Garda

Hier nächtigte im Jahr 1880 der Philosoph Friedrich Nietzsche und prägte dabei den Spruch: »Mit Italien lebt man wie mit einer Geliebten: heute in heftigem Zank und morgen in Anbetung!«.

Tourist Information ➡ C9
Largo Medaglie D'Oro 5
38066 Riva del Garda
✆ 04 64 55 44 44
www.rivadelgarda.de/informationen
www.gardatrentino.it

Museo Civico ➡ C9
Piazza C. Battisti 3 A, Rocca
✆ 04 64 57 38 69
www.museoaltogarda.it
Gemäldegalerie (Künstler der Region), archäologische und heimatgeschichtliche Sammlung.

Torre Apponale ➡ C9
Piazza 3 Novembre s/n
Riva del Garda
✆ 04 64 57 38 69
Nach 165 Stufen genießt man vom leicht schiefen Turm (12. Jh.) einen schönen Blick auf die Stadt, den Hafen, den See und die Berge.

Ristorante Al Volt ➡ C9
Via Fiume 73, Riva del Garda
✆ 04 64 55 25 70
www.ristorantealvolt.com
Mitten in der Altstadt liegt das Restaurant mit elegantem Ambiente. Kreative Küche. €€€€

Frischer Fisch bei Alberto ➡ C9
Parco Brolio, Rocca
✆ 333 485 92 60
www.albertorania.it
Frischer Fisch vom Gardasee, von Alberto Rania morgens gefangen, zudem eingelegte Sardinen.

Wochenmarkt ➡ C9
Jeden 2. und 4. Mi im Monat vormittags

Feste ➡ C9
Juli: **Musikfestival Musica Riva** mit internationalen Künstlern der klassischen Musik.
Ende August: **Notte di Fiaba**, ein traditionelles Fest, das vier Tage lang um das Thema »Märchen« kreist, am Ende erstrahlt ein Feuerwerk am See.

Ausflugsziele:

Ledrosee und Museo delle Palafitte di Ledro ➡ D7
Via al Lago 1
Ledro, Ortsteil Molina

12 km von Riva zum Ledrosee (SP 37, dann SS 240)
✆ 04 64 50 81 82
www.palafitteledro.it
Erstes Ziel am romantischen See ist das **Pfahlbautenmuseum**. Um sich vor Angriffen durch Tiere und Menschen zu schützen, haben vor 4000 Jahren die Bewohner der heutigen Ledro-Landschaft ihre Häuser auf Pfählen ins Wasser gebaut. Vier nachgebaute Pfahlbauhütten zeigen bronzezeitliches Leben. Im Museum sind Beweise für eine handwerklich hohe Kulturstufe zu finden.

Wer sich nach dem Museumsbesuch etwas bewegen will, gehe vom Pfahlbautenmuseum am See nordwärts weiter zum Teilort Pur. Am Parkplatz weist eine große Informationstafel auf die **Ledro Land Art** hin, einen Kunstweg mitten durch den Wald, mit viel Fantasie gestaltete Figuren und Szenen aus Blech, Stahl und Holz.

Varone-Wasserfall ➡ B8

3 km nördlich von Riva
Via Cascata 12
✆ 04 64 52 14 21
www.cascata-varone.com
Der knapp 100 m hohe Wasserfall stürzt in mehreren Stufen in eine enge Schlucht. Von zwei Brücken aus kann man dieses beeindruckende Naturschauspiel bewundern. Anorak und Kopfschutz anziehen, es donnert und zischt und man wird nass. Thomas Mann hat den Varone-Wasserfall in seinem Roman »Der Zauberberg« literarisch verewigt.

3 Arco ➡ B9/10

Lange ehe Urlauber den Gardasee erreichen, grüßt die **Rocca di Arco**, eine restaurierte Burgruine aus dem 12. Jahrhundert, vom 100 Meter hohen Fels. Unterhalb des Castel d'Arco wurde ein Parkplatz eingerichtet, zur Burg geht es dann eine Viertelstunde bergauf. Oben angekommen, breitet sich ein Blick über eine imposante Bergwelt aus, auf den Monte Baldo, auf die bei Sportlern beliebten Kletterfelsen, über das Sarcatal und auf die Dächer von Arco. Bei guter Sicht ist im Südwesten des Sees sogar die Rocca di Manerba zu entdecken. Von dort oben lässt sich auch das geologische Ereignis der Bildung des Sees nachvollziehen, als sich bis vor etwa 10 000 Jahren die Gletscher zurückzogen, Schmelzwasser allmählich die Senke zwischen beiden Gebirgsmassen, dem heutigen Monte Baldo im Osten sowie den Hochebenen von Tremosine und Tignale im Westen füllten. Vor lauter faszinierender Natur sollte nicht vergessen werden, den Saal der Fresken (14./15. Jh.) mit Gemälden von Damen und Rittern beim Brettspiel zu besuchen.

Auf dem Weg zurück zur Stadt lohnt sich ein Stopp im **Botanischen Garten** mit 200 Pflanzen-

Arco, wie es sich heute präsentiert, …

... unverändert überragt von der alten Burgruine

arten, darunter Mammutbaum, Monterey-Zypresse und Yucca. In Arco selbst fällt zuerst der **Palazzo Marchetti** (1550) auf, unter dessen vorkragendem Dach ein Freskenfries mit Göttern, Helden, Nymphen und Teufeln das Auge entzückt. Gleich nebenan wartet der **Duomo Santa Maria Assunta** (17. Jh.) mit Gemälden einheimischer Künstler, prunkvollen Altären und einer Orgelempore, die nicht mit dem üblichen Putten, sondern mit Bildnissen höfisch gekleideter Bürger der Stadt geschmückt wurde.

Ein attraktives Überbleibsel aus der Zeit der österrreichisch-ungarischen K.-u.-K-Monarchie ist am Kurpark das plüschige **Casinò Città di Arco**, wo nicht Roulette gespielt wird, sondern Einheimische und Gäste gern bei einem Tässchen Kaffee oder einem Glas Wein, bei Pasta oder Strudel neue Kräfte schöpfen. Ein starker Kontrast zur früher begehrten Kurstadt sind die vielen jungen, sportlich gekleideten Montainbiker und Bergsteiger. Letztere beleben das Zentrum des Klettersports vor allem im September, wenn die internationale Freeclimbing-Meisterschaft Rock-Master stattfindet.

Tourist Information ➡ B10
Viale delle Palme 1
38062 Arco
✆ 04 64 53 22 55
www.gardatrentino.it

Rocca di Arco ➡ B10
Via Castello 10
✆ 04 64 51 01 56
Burgruine aus dem 12. Jh. Sehenswert: Saal der Fresken, Damen und Ritter beim Brettspiel.

Arboretum/Botanischer Garten ➡ B9/10
Via Lomego, auf dem Weg zum Castello, Arco
✆ 04 64 58 36 36
Der Park um den Palazzo, den der habsburgische Erzherzog Albrecht im 19. Jh. errichten ließ, empfiehlt sich als Refugium der Ruhe. Zu sehen sind etwa 200 Pflanzenarten aus allen Kontinenten.

Alla Lega ➡ B9/10
Via Vergolano 8, Arco
✆ 04 64 51 62 05
www.ristoranteallalega.com
Im Palazzo dei Conti D'Arco wird in der dritten Generation regionale Küche geboten. €€€

Casinò Città di Arco ➡ B9/10
Via delle Palme 6, Arco
✆ 04 64 90 52 86, www.facebook.com/caffecasinocittadiarco
Stimmungsvolles Jugendstil-Café und Restaurant mit Plüsch, Designerstühlen und Schmiedeeisen, große Terrasse zum Park. €€–€€€

Antiquitätenmarkt ➡ B9/10
Jeden 3. Sa im Monat vormittags auf der Piazza San Zeno

Wochenmarkt ➡ B9/10
1. Mi, im Sommer auch 3. Mi im Monat vormittags auf dem Foro Boario

Freealp ➡ B9/10
Via Vergolano 43, Arco
✆ 327 663 93 00
www.freealp.com
Geführte Canyoning-Touren, Klettern, Trekking.

Friends of Arco ➡ B9/10
Outdoor Activity Centre & Mountain Guide Office
Via Legionari Cecoslovacchi 14
Arco
✆ 334 219 38 62
www.outdoorsafetyfirst.it
Infos und Angebote zu allen Outdoor-Aktivitäten.

Ausflugsziele:

Trient (Trento) ➡ nördl. A10
Die Hauptstadt des italienischen Teils der autonomen Region Südtirol-Trentino überzeugt mit ihren stolzen Palästen, viele verziert mit eindrucksvollen Fresken. Alle Wege führen zum **Domplatz** mit dem schönen Neptunbrunnen und der himmelwärts ragenden Torre Civica. Daneben lädt der Palazzo Pretorio mit dem **Tridentiner Diözesanmuseum** zu einem Rundgang ein: Domschatz mit wunderbaren Goldschmiedearbeiten (12.–19. Jh.), prachtvolle Sammlung flämischer Wandteppiche (1502–50), holzgeschnitzte Tafeln aus dem Nonstal mit Karikaturen ähnelnden dörflichen Bewohnern (www.museodiocesanotridentino.it).

Im unterirdischen musealen Rundgang **S. A. S. S.** am **Teatro Sociale** läuft man durch römische Straßen mit Gehsteigen und Abwasserkanälen; Stadtmauer, Innenhöfe und Handwerksstätten sind zu besichtigen (Eingang Piazza Cesare Battisti, visittrentino.it).

Im **Castello del Buonconsiglio** (13. Jh.) sind vor allem die **Monatsbilder im Adlerturm** sehenswert, ein Freskenzyklus, der das feudale Leben im ausgehenden Mittelalter zeigt, und die formvollendete gotisch-venezianische **Loggia** mit dem schönsten Blick auf Trient. Seinen Namen, des »Guten Rates«, bekam das Schloss im 16. Jh. anlässlich des Tridentinischen Konzils. (Via Bernardo Clesio 5, ✆ 04 61 23 37 70, www.buonconsiglio.it).

Cantina di Toblino
➡ nördl. A10
Via Longa 1, Sarche
✆ 04 61 56 41 68
www.toblino.it
Auf dem Weg von Arco nach Trient liegt das Weingut nahe des Tobliners Sees. Verkauf von Wein und lokalen Produkten, mit Restaurant.

Torbole ➡ D9/10

Ab Rivas Hafen führt unterhalb des schiefen Monte Brione ein Fußweg entlang des Sees bis Torbole. Der Ort ist das Eldorado der Wassersportler, der Surfer und Kiter, die um die Mittagszeit pünktlich ihre Segel und Bretter auf den Strand legen, weil der Vormittags-Wind (Tramontana) abflaut und erst am frühen Nachmittag von der Ora abgelöst wird. Mit dem Klimawechsel lässt die Pünktlichkeit allerdings nach.

Im Herbst und Frühjahr findet dann die Landschaft ringsum etwas mehr Beachtung. Im Westen blickt man auf die östliche Steilwand des **Monte Brione** (376 m), der nach Riva hin steil abfällt. Eine Rundwanderung mit Besichtigung der Reste eines österreichischen Festungsriegels dauert etwa zwei Stunden. Kürzer und einfacher ist der Fußweg Richtung Bergdorf Nago zu den **Marmitte dei Giganti**, den gigantischen Gletschermühlen (hinter dem Hotel Vela, Via Strada Granda nordwärts, am Holzschild rechts ab, bald wieder links Richtung Norden). Seit sich mit Beginn der letzten Eiszeit vor 115 000 Jahren Gletscher von den Alpen nach Süden schoben, blieben auf ihrem Rücken getragene Gesteinsbrocken an den Felsen hängen, rotierten durch den Schub des Eises und schmirgelten sich zusammen mit Wirbeln von Sand und Wasser in den Kalkfels hinein. So entstanden bis zu 25 Meter breite und 20 Meter hohe Schüsseln (Marmitte), die frei zu besichtigen sind.

Wenig Zeit kostet es, den Strand zu verlassen und hinter der Haupstraße an der Piazza Vittorio Veneto, heute **Piazza Goethe**, das grüne Haus Nr. 2 zu suchen. Hier hielt sich Goethe 1786 während seiner italienischen Reise eine Zeitlang auf und schrieb begeistert: »Heute Abend hätte ich in Verona sein können, aber es lag mir noch eine herrliche Naturwirkung an der Seite, ein köstliches Schauspiel, der Gardasee, den wollt' ich nicht versäumen, und ich bin herrlich für meinen Umweg belohnt.«

ℹ Tourist Information ➡ D9/10
Lungolago Conca d'Oro 25
38069 Torbole
✆ 04 64 50 51 77
www.gardatrentino.it

La Terrazza ➡ D9/10
Via Benaco 24, Torbole
✆ 04 64 50 60 83
www.allaterrazza.com
Direkt am Strand gelegen, mit einem guten Blick auf die Surf-Szene. Serviert werden Fischspezialitäten. €€–€€€

Umgeben von steilen Gardaseebergen: Torbole

Geschätzt von Gardasee-Surfern: der Nordwind »Tramontana« und der Südwind »Ora«

Restaurant Hotel Benaco
➡ D9/10
Via Benaco 7
Torbole
✆ 04 64 50 53 64
Hotelrestaurant am Hafen, trentinische Küche und Pizzen. €€–€€€

Bar alla Sega ➡ D9/10
Via Passseggiata dell'ora 1
Torbole
✆ 338 959 98 81
www.facebook.com/barallasega
Bar mit Terrasse am See, junges Publikum, kleine Gerichte, Panini.

Birreria 600 ➡ D9/10
Via Matteotti 100
Nago-Torbole
✆ 04 64 54 80 24, www.facebook.com/pizzeria600
Vorwiegend Jugendtreff, mediterrane Küche und Pizzeria.

Wochenmarkt ➡ D9/10
Im Sommer jeden 2. und 4. Di im Monat vormittags an der Via della Love

Wie kam die salzige Sardine in den »süßen« Gardasee?

Sardinen (auch Finten oder Elben) sind Salzwasserfische. Eigentlich. Aber auch im »süßen« Gardasee gibt es Sardinen und das begann so: Als sich vor etwa 10 000 Jahren die letzte Eiszeit verabschiedete (vgl. S. 24, 26), füllte das Wasser der schmelzenden Gletscher allmählich das Gardaseebecken, das durch die Moränen im Süden, von den Gletschern aufgetürmte Gesteinsmassen, begrenzt wurde. Damals reichte der Gardasee bis knapp vor die Adria. Dieser Teil des Mittelmeers bedeckte auch große Gebiete der heutigen Po-Ebene, sein Meeresspiegel lag höher als die Oberfläche des Gardasees. Durch Erdrutsche gerieten riesige Felsmassen in das Binnengewässer, bis eines Tages die natürliche Staumauer brach, Salzwasser aus dem Mittelmeer durch das Mincio-Tal in den See floss, mit ihm unter zahlreichen Fischen auch die Sardine. Dieser Zustand dauerte erdgeschichtlich nur kurze Zeit, das Mittelmeer zog sich wieder zurück, die Moränenmauer schloss sich bis auf die Lücke für den Mincio-Fluss. Durch den Zufluss an Süßwasser aus den nördlichen Bergen verschwand allmählich der eingedrungene Salzgehalt, den Sardinen gelang es jedoch, im Gegensatz zu anderen Meeresfischen, sich an die Bedingungen des Süßwassers zu gewöhnen.

Geblieben aus der Zeit, als viele Fischarten zum Laichen in süße Flüsse wanderten, blieb den Sardinen das Bewegungsverhalten: Im Laufe des Jahres wechseln sie in geschlossenen Schwärmen zwischen den beiden Seiten des Sees. Deshalb gibt es am Gardasee frische Sardinen je nach Ufer zu unterschiedlichen Jahreszeiten.

Ausflugsziele:

Nago ➡ D10
Eine kurvenreiche Bergstrecke führt, vorbei an den Marmitte dei Giganti, in das alte Bergdörfchen Nago mit sensationellem Ausblick auf den See. Der Ort war 1439 Schauplatz einer außergewöhnlichen Militäraktion: Um dem von mailändischen Truppen eingeschlossenen Brescia zu helfen, mussten die Venezianer den Weg über den Gardasee wählen. Da der Mincio aber von den Visconti in Borghetto (vgl. Valeggio sul Mincio) durch eine 600 m lange und 10 m hohe Brücke gesperrt war und die Mailänder Riva besetzt hielten, blieb der Zugang zum See nur über die Berge. So ließ die Serenissima eine Flotte von 25 Schiffen von der Adria etschaufwärts bis in die Nähe von Mori fahren. Von dort ging es 25 km über Land, die Schiffe wurden auf einem Gefährt mit runden Unterlagen von 2000 Ochsen (120 je Schiff) über den San Giovanni-Pass bis Nago und dann steil abwärts nach Torbole gezogen.

Rovereto ➡ C13
Rovereto gilt als die italienische Provinz mit der höchsten Lebensqualität. Zwei Sehenswürdigkeiten sollte man besuchen: Erstens das **MART** (Museo di Arte Moderna di Rovereto e Trento) mit einer bedeutenden Sammlung zeitgenössischer Kunst in einem Bau mit gläserner Kuppel (Corso Bettini 43, ✆ 800 39 77 60, vom Ausland ✆ +39 04 65-67 08 20, www.mart.trento.it). Zweitens laden rund 200 Millionen Jahre alte Fußabdrücke von Dinosauriern zu einem weiten Schritt in die Vergangenheit ein, spannend auch für Kids und Familien. Der **Dinoweg** liegt in Stadtnähe und ist gut ausgeschildert. Nähere Informationen beim Museo Civico (Borgo Santa Caterina 41, ✆ 04 64 45 28 00, www.fondazionemcr.it).

Der Osten – Riviera degli Olivi

Die Reihenfolge der Vista Points entspricht dem Uferverlauf von Norden nach Süden.

Das Ostufer des Gardasees gehört zur Region Venetien und wird als Olivenriviera (Riviera degli Olivi) bezeichnet, offizieller Name der Strecke ist Gardesana Orientale. Sie beginnt im von einer Burg bewachten Malcesine, berührt die Urlaubsorte Torri del Benaco und Garda, den Weinort Bardolino, das von Mauern umschlossene Lazise und endet im mit Kanälen und Bollwerken geschmückten Peschiera. An den Hängen entlang des Ostufers wechseln sich Olivenhaine mit Weinbergen ab, den Abschluss bildet das Wanderparadies Monte Baldo.

Malcesine ➡ G8
Wer Malcesine vom See, z. B. mit der Autofähre von Limone am Westufer aus, erreicht, dem bietet sich ein fotogenes Bild der Superlative: Die mit roten Ziegeldächern bedeckten Häuser ziehen sich hoch bis an die auf mächtigem Felsen thronende Skaligerfestung (13. Jh.), Ziel aller Besucher. Als Pause vom Sog bietet sich in der Via Capitano ein Besuch des **Palazzo dei Capitani del Lago** an. An der Hallendecke hat Venedig, das von 1405 bis 1797 Malcesine und Umgebung beherrschte, einen witzigen venezianischen Löwen in Siegerpose vor der Burg hinterlassen. Der Garten bietet einen eindrucksvollen

Blick auf den See und das gegenüberliegende Westufer mit der Gardesana Occidentale.

Ein paar Schritte weiter führt der Vicolo Porto Vecchio links ab zum erholsamen **alten Fischerhafen** mit drei Restaurants. Weiter oben, gegenüber der Piazza Don Quirico Turazza, streben die Burgbesucher nach links in die enge **Via Castello**. An ihrem Ende wird auf einer Marmortafel behauptet, hier habe Goethe am 24. September 1786 die Burg skizziert. Der Poet selbst schreibt in seiner »Italienischen Reise«: »... im Schlosshof setzte ich mich...dem Turm gegenüber...« Und dort ist er auch nicht wegen Spionageverdachts arrestiert worden, wie oft behauptet. Allerdings fragte man ihn kritisch aus, ob er für die feindlichen Österreicher arbeite. Bis ein Literaturfreund das Missverständnis aufklärte und den Dichter »befreite«.

Die Besucher von heute sind in der **Burg** vom **Museo di Storia Naturale** fasziniert. Umringt vom projizierten Rauschen des Wassers wird gezeigt, wie Gletscher bis vor 10 000 Jahren den See formten und füllten. Eine Etage höher wird die Pflanzenwelt erklärt und mit der Nase erschnuppert, wird die präparierte Fauna der Gegend von Tierstimmen begleitet, können Erwachsene und Kinder an Touchscreens ihr Wissen über die Natur der Gegend testen. Selten in Italien: Die Begleittexte sind auch ins Deutsche übersetzt.

Im zweiten Hof, unterhalb des besteigbaren **Mastio** (70 m), des Burgfrieds, wird im **Galeeren-Saal** die Geschichte der Seefahrt erklärt und ein Zeichentrickfilm zeigt, wie die Venezianer in einem kühnen Unternehmen eine Flotte auf dem Landweg zum nördlichen Gardasee brachten, um die Feinde zu überraschen (vgl. S. 31).

Ein besonderes Erlebnis in Malcesine ist es, mit der **Seilbahn** den **4 Monte Baldo** zu erobern. Start ist entweder im Stadt-Terminal oder in der Umsteigestation San Michele. Am Kamm des Bergrückens führt der leicht zu bewältigende Panoramaweg vorbei an Kuhherden und Wiesen mit üppiger Botanik von Trollblumen über Aurikel bis Alpenanemonen zu einer Bergnase. Hier bietet sich ein einmaliger Blick über fast das ganze Gardaland zwischen Riva und Salo und auf die (noch) ewigen Gletscher der Brenta-Gruppe.

Tourist Information ➡ G8
Via Gardesana 238 (Busbahnhof)
37018 Malcesine
✆ 045 740 00 44
www.visitmalcesine.com

Malcesine: Über der Altstadt thront imposant die Scaligerburg

Castello Scaligero ➡ G8
Malcesine
✆ 045 657 03 33
Lohnende Burg-Wanderung, zudem mehrere Museen, darunter das informative Naturgeschichtliche Museum. Es eröffnet sich ein schöner Blick über Stadt und See.

An der **Piazza Porto Vecchio** und weiter oben an der **Piazza Don Quirico Turazza** befinden sich mehrere Restaurants in gemütlicher Umgebung.

Al Marinaio ➡ G8
Piazza Porto Vecchio s/n
Malcesine
✆ 045 740 02 14,www.facebook.com/ristorantealmarinaio
Mit großer Terrasse. Auf der Karte stehen Fischgerichte und Pizza. €€–€€€

Locanda Monte Baldo ➡ G8
Via San Michele 45 (1. Bahnstation)
Malcesine
✆ 045 740 06 12
www.locandamontebaldo.com
Ausflugslokal in herrlicher Berglage, gute lokale Küche, mit Übernachtungsmöglichkeit. €€–€€€

Wochenmarkt ➡ G8
Sa vormittags

Ausflugsziele:

Cassone und Museo del Lago ➡ H7
Museum: Lungolago delle Regate, am Hafen, Cassone, Eintritt frei
Das **Museo del Lago** zeigt eine reiche Sammlung alter Fischereigeräte und historische Fotografien. Davor liegen zwei Außenbecken mit Aalen, Aitel (Göbel) und Forellen, gespeist vom Aril, mit 175 m der kürzeste Fluss der Welt.

Nach dem Bummel durch den romantischen Hafenort bietet sich das **Al Vogaor** (Lungolago delle Regate, ✆ 045 657 00 04, €€) mit seiner Seeblick-Terrasse für eine Stärkung an.

Funivia/Seilbahn Malcesine – Monte-Baldo ➡ G8
Talstation Malcesine
✆ 045 740 02 06
www.funiviedelbaldo.it
Der Aufstieg auf den höchsten Berg am Gardasee, den Monte Baldo, erfolgt in zwei Abschnitten: mit der Seilbahn Malcesine–San Michele (1512 m Länge und 463 m Höhenunterschied) und mit den Drehkabinen San Michele–Monte Baldo (2813 m Länge und 1187 m Höhenunterschied).

Sesselbahn Monte Baldo ➡ G9
Pra'Alpesina, wenige Gehminuten von der Bergstation der Seilbahn aus Malcesine entfernt
Sesselbahn zu den Almhütten am Monte Baldo.

Seilbahn Prada – Rifugio Fiori del Baldo ➡ K7
Via Prada s/n
San Zeno di Montagna
✆ 045 728 56 62
Im ersten Teil bringen Stehgondeln, im zweiten 2-Sitzer-Sessellifte vorwiegend Wanderer auf den Monte Baldo. Die Fahrt beginnt in Prada Alta auf 1000 m Höhe und endet auf 1850 m. Wundervolle Ausblicke bieten die Wandertouren, die man in der Hütte Fiori del Baldo bei guter Küche beschließt.

Torri del Benaco ➡ M5

Torri del Benaco (3000 Einw.) liegt an den südlichen Ausläufern des Monte-Baldo-Massivs, dort, wo sich die alpine Schroffheit des Nordens in die liebliche Hügellandschaft der südlichen Gardasee-Region mit ihren Olivenbäumen und Zypressen wandelt. Torri ist auch ganzjährig per Autofähre mit Maderno am Westufer verbunden, eine sehr praktische Abkürzung. Wahrzeichen des Ortes ist auch hier wieder eine alte Skaligerburg.

Im **Castello Scaligero** widmet sich ein sehenswertes **Museum** vor allem der Geschichte des Ölanbaus. Das beginnt schon im Hof mit einer alten Ölpresse, deren Mahlsteine aus der Römerzeit stammen. Ein Saal informiert über die Fischerei am See. Von den Türmen der Burg kann man die im Sonnenlicht glitzernden Olivengärten bewundern. Als romantisches Foto bietet sich unter den Türmen das alte Hafenbecken mit den bunten Fischerbooten an. Eine Limonaia, ein Gewächshaus für Zitronen, das einzige am Ostufer, ergänzt das Angebot.

Tourist Information → M5
Via Gardesana 5
37010 Torri del Benaco
✆ 045 629 64 82
www.torri-del-benaco.net

Castello Scaligero → M5
Torri del Benaco
✆ 045 629 61 11, www.museodelcastelloditorridelbenaco.it
In der teils gut erhaltenen Burg wird die regionale Geschichte des Ölanbaus und der Fischerei beleuchtet; zudem sind Fotos von Felszeichnungen aus der Umgebung ausgestellt.

Bell'Arrivo → M5
Piazza Calderini 10 (am Hafen)
Torri del Benaco
✆ 045 629 90 28
trattoriabellarrivo.it
Beliebt sind Fischgerichte und hausgemachte Pasta. Serviert wird auch im schattigen Garten hinter dem Haus. €€€

Taverna Norma → M5
Via Filli Lavanda 13 (Seitengasse am Hafen)
Torri del Benaco
✆ 347 791 21 86
Urige Taverne, Stammkneipe vieler Einheimischer. €–€€

Malerisch: der alte Hafen von Torri del Benaco

Antiquitätenmarkt ➡ M5
Im Sommer Mi abends

Wochenmarkt ➡ M5
Jeden Mo vormittags

Segelregatta San Filippo Neri ➡ M5
Jedes Jahr am 26. Mai
Auf dem See brennen bei der nächtlichen Regatta zu Ehren des Schutzheiligen Hunderte schwimmende Kerzen.

Ausflugsziele:

Hinterlandtour ➡ M6–8
Eine kleine Tour (33 km) in das östliche, hügelige Hinterland des Gardasees führt von Torri über die SP 32a zunächst hoch nach **Albisano** ➡ M6. Hinter der Pfarrkirche bietet sich ein atemberaubender Panoramablick über den See und seine Urlaubsorte, im Süden auf die Halbinsel von Sirmione, im Südwesten auf das 2200 Jahe alte Desenzano und auf die Rocca di Manerba sowie die Isola del Garda. Im Westen ist dann die Bucht von Saló zu entdecken, nördlich davon Gardone Riviera, schließlich der Doppelort Toscolano-Maderno und das romantische Gargnano, dazwischen der Monte Castello di Gaino (866 m) und der Monte Pizzocolo (1581 m).

Die Tour geht weiter in Richtung San Zeno, an der großen Kreuzung aber rechts ab auf der SP 9 bis Castion. Im kleinen Ort San Verolo gleich nach dem Ortsende-Schild links ab und über Pésina, Boi di Pésina nach **Caprino Veronese** ➡ M8. Der Ort ist umgeben von Weinbergen und Olivenhainen. Von den malerischen Weinhängen kommt übrigens unter anderem auch der beliebte Rotwein Bardolino.

Weiter nordwärts kommt an der SP 8 nach elf Kilometern **Spiazzi** mit dem Wallfahrtsort Madonna della Corona und hinter **Ferrara di Monte Baldo** der Botanische Garten von Novezzina (vgl. S. 36).

Wallfahrtsort östlich vom Gardasee: Madonna della Corona

Madonna della Corona ➡ L9
Località Santuario 1, Ferrara di Monte Baldo, Ortsteil Spiazzi
Parkplatz kurz nach Spiazzi, von dort asphaltierter Weg (20 Min. zu Fuß oder mit Shuttlebus) oder beschwerliche Treppe abwärts
✆ 045 622 00 14
www.madonnadellacorona.it
Restaurant/Hotel Stella Alpina:
✆ 045 624 70 82
www.stellaalpinahotel.it
Der Wallfahrtsort ist allein aufgrund seiner Lage über einem furchterregenden Abgrund eine Besichtigung wert. Zunächst haben hier Mönche gelebt, die zum Kloster San Zeno von Verona gehörten, 1434 ging das Santuario auf den Malteser-Kreuz-Orden über. Ziel der Wallfahrer ist eine aus Malta stammende Statue der Schmerzensmutter, der Mutter

Von Nymphen und Königen: Wie der Gardasee zu seinem Namen kam

Einst verliebte sich der junge, keltische Wassergott Benacus in die schöne Bergnymphe Engardina, die wundervolle blaue Haare hatte. Er überredete sie, mit ihm in sein Reich, das Meer zu kommen. Dort wurde sie aber sehr traurig, weil sie ihren kleinen Bergsee vermisste. Benacus versprach, ihr ein viel schöneres und größeres Gewässer zu schenken. Er schlug seinen Dreizack in das Steinmassiv, Wasser strömte aus den Bergen und füllte zwischen zwei Felsen einen neuen See. Als dann beide in den Fluten ihren Hochzeitsreigen tanzten, färbten die Haare der Nymphe den See tiefblau. An den liebestollen Wassergott erinnert der Ortsname.

Der Name ohne Legende: Die Römer besiedelten die Gegend seit 200 v. Chr. und nannten den See nach einer keltischen Gottheit Lacus Benacus. Erst um 800 n. Chr. wurde der See unter dem Frankenkönig Karl dem Großen in Lago di Garda umbenannt.

Maria. Der Kreuzweg zeigt beeindruckende Szenen in Bronze und endet in einem in den Felsen gehauenen Grab.

Mit gutem Restaurant/Hotel **Stella Alpina** am Parkplatz (€).

Parco Naturalistico Scientifico di Novezzina ➡ K9

Via General Graziani 10
Ferrara di Monte Baldo, ca. 8 km auf der SP 8 nordwärts zum Ortsteil Novezzina
✆ 045 624 72 88, www.ortobotanicomontebaldo.org
Lehrreicher botanischer Spaziergang vorbei an Felsklippen und Bergteichen, durch Buchenwälder sowie Themengärten. Mit Restaurant/Hotel (✆ 045 624 72 88).

Garda ➡ N6

Der verwinkelte Hafenort Garda ist angefüllt mit Historie. Das beginnt schon mit dem Ortsnamen, der auch für den See ab etwa 800 n. Chr. Namensgeber war. Vorher hieß er Lago di Benaco. Das Wort Garda leitet sich vom germanischen »Wardon«, von der Warte ab, die bis heute das Städtchen überragt. Auf den 200 Meter hohen Felsen mit herrlichem Ausblick führt hinter der Pfarrkirche Santa Maria Maggiore ein ausgeschilderter Wanderweg zu den Mauerresten des ehemaligen **Kastells** (45 Minuten). Es wurde schon im 5. Jahrhundert von Theoderich, dem König der Goten errichtet, und war immer wieder Schau-

Gardas Bootshafen mit dem Palazzo del Capitano (rechts)

Am »schönsten Ort der Welt«, der Landzunge Punta San Vigilio, ließ sich der Dichter Agostino Brenzone eine Villa und ein Gästehaus (Foto) bauen

platz erbitterter Kämpfe um die Macht am Lago di Garda. Im Jahr 1158 bemühten sich die Truppen von Kaiser Friedrich I. Barbarossa erfolglos, die Rocca einzunehmen. Der Langobardenfürst Berengar II., der von König Otto dem Großen besiegt wurde, nutzte sie als Gefängnis für Adelheid von Burgund (931–99), die sich weigerte, seinen Sohn Adalbert zu heiraten. Im 16. Jahrhundert waren es schließlich die Venezianer, die das Bauwerk schleiften.

Der Ort selbst mit engen Altstadtgassen, eleganter Uferpromenade und Yachthafen ist geschmückt mit prunkvollen alten Villen und Palästen. Als schönstes Anwesen gilt die **Villa Albertini** gegenüber dem Hafen der Linienschiffe. Ein prächtiges Zeugnis venezianischer Gotik ist der **Palazzo del Capitano** aus dem 15. Jahrhundert am Ende der Seepromenade. Seine strenge Fassade wird von drei großen Rundbögen und unregelmäßig verteilten Dreipassfenstern aufgelockert.

Zwei Kilometer nördlich von Garda ragt die Landzunge 5 **Punta San Vigilio** ➡ N5, der äußerste Südausläufer des Baldo-Massivs, weit in den See hinein. Mitten in einem Park ließ der Dichter Agostino Brenzone, der San Vigilio als den »schönsten Ort der Welt« bezeichnete, im 16. Jahrhundert eine Villa errichten, die sich heute im Besitz eines Veroneser Pasta-Fabrikanten befindet. An der Spitze, direkt am See, liegt das Gästehaus, heute **Locanda di San Vigilio** mit elegantem Hotel und feinem Restaurant, am kleinen Hafen eine Taverne mit Tischen an der schmalen Mole.

i **Tourist Information** ➡ N6
Piazza Donatori di Sangue 1
37016 Garda
✆ 045 627 03 84
www.tourism.verona.it

P Am **Markttag** (Freitag) kann man nur auf dem kostenpflichtigen Platz direkt hinter der Busstation parken.

La Cross ➡ N6
Via della Pace 4, Garda
✆ 045 725 57 95
www.hostarialacross.com
Bei gutem Wetter sitzt man besonders schön in dem romantischen Innenhof; serviert wird hauptsächlich Fisch. €€–€€€

Ristorante ai Beati ➡ N6
Via Val Mora, 57/59
Garda
✆ 045 725 57 80
www.ristoranteaibeati.com
Eine Ölmühle aus dem 14. Jh. bildet den stilvollen Rahmen für delikate Fisch- und Fleischgerichte. Sensationeller Ausblick auf Garda und den See. €€–€€€

Bar Taitu ➡ N6
Vicolo Cieco Forni 8
Garda
✆ 347 882 19 04
www.taitupianobar.com
Intime Nachtbar mit köstlichen Cocktails und Livemusik.

Bar Riviera ➡ N6
Promenade/Ecke Via San Francesco 3/5, Garda
✆ 045 725 56 52
Treff der Einheimischen, preisgünstig.

Ausflugsziele:

Felsgravuren am Monte Luppia ➡ N5
Am Monte Luppia, von Garda auf der Straße nach Torri del Benaco bei km 57,1 (rechts, Via Castei)
Man entdeckte hier 1964 Felsgravuren – Tiere, Waffen, Figuren, Sonnensymbole usw. –, teilweise von Menschen der Bronzezeit in die Felsen geritzt.

Gehzeit zur **Pietra delle Griselle**, dem ersten Fels mit Ritzungen: 20 Minuten. Ein paar Minuten weiter befindet sich die **Pietra dei Cavalieri** mit zwölf Reiterskizzen, wahrscheinlich napoleonisch, denn die Reiter tragen keine Lanzen, sondern Gewehre mit Bajonett.

Parc Jungle Adventure ➡ M6
San Zeno di Montagna, östlich von Garda
✆ 045 628 93 06, 348 244 35 43
www.jungleadventurepark.com
Kletter- und Abenteuerpark im Wald.

Bardolino ➡ O6

Bardolino ist durch und durch ein Weinort, seine Weinfeste sind legendär. Doch bevor sich die Besucher in beschwingter Weinseligkeit verlieren, sollten sie schnell die wenigen kunsthistorischen Attraktionen genießen. Da wäre zuerst am nördlichen Stadtrand, direkt an der Gardesana Orientale, die romanische Kirche **San Severo**, deren schlanker Glockenturm eine mit rotem Cotto belegte Spitze trägt, schon von Weitem zu sehen. Die Ursprünge dieser Kirche gehen wahrscheinlich auf das 8. Jahrhundert zurück, die heutige Bausubstanz stammt aus dem 12. Jahrhundert. Wunderschön

Das Hügelgebiet am Südostufer des Gardasees …

sind vor allem an den Wänden des Mittelschiffs die Fresken, die u. a. Apokalypseszenen und Bilder aus der Leidensgeschichte Christi darstellen.

Eines der ältesten Gotteshäuser der Diözese (8. Jh.) dürfte wohl die karolingische Kirche **San Zeno** an der Via San Zeno sein, 400 Meter südlich der San Severo. Architektonisch ohne Sinn sind die sechs an die Wände gelehnten Säulen aus rotem Marmor immer wieder Grund für Spekulationen. Kleine freskierte Reste werden gerne betrachtet und gedeutet. Eine neue geschnitzte Madonna weist auf einen dreisten Raub hin: die alte wurde in den 1970er Jahren geklaut.

Dann geht es aber über zu weltlichen Genüssen, etwa zur Weinprobe und einem Museums-Rundgang in der **Cantina Zeni**. Die Sammlung mit allem, was für die Winzerei wichtig ist, sollte man sich nicht entgehen lassen. Bei der anschließenden Weinverkostung gibt es für Anfänger Hinweise, in welcher Reihenfolge die edlen Tropfen genossen werden sollen. Weniger geordnet geht es natürlich bei den Weinfesten zu, für die der Ort berühmt ist. Die wichtigsten sind die *Festa dell' Uva e del Vino Bardolino Classico DOC*, Anfang Oktober, und das Fest des *Vino Bardolino Novello DOC*, des jungen Weins, im November. In den Lokalen werden in dieser Zeit spezielle Menüs, passend zum Wein serviert.

Nicht nur der Wein, auch das Olivenöl ist ein Markenzeichen der Orte an der Riviera degli Olivi. Einen Überblick über alle aus der Olive hergestellten Produkte gibt es im **Museo dell' Olio** in Cisano, wenige Kilometer südlich von Bardolino.

Tourist Information ➡ O6
Piazzale Aldo Moro 5
37010 Bardolino

... ist das Anbaugebiet für den Bardolino

✆ 045 721 00 78
www.tourism.verona.it

Museo dell'Olio ➡ O6
Via Peschiera 54
Vorort Cisano
✆ 045 622 90 47
www.museum.it
Eintritt frei
Informationen zur besonderen Qualität des regionalen Öls, das man auch probieren und kaufen kann, ebenso allerlei Eingelegtes.

Cantina Zeni ➡ O6
Via Costabella 9
Bardolino
✆ 045 721 00 22
www.zeni.it
Traditionsreiches Weingut mit Weinmuseum. Weinverkostung und -kauf möglich.

Borgo Bardolino Rambaldi Apartments ➡ O6
Via Verdi 4
Bardolino
✆ 344 115 08 47 (mobil)
www.rambaldiapartments.com
Renoviertes Areal am Rande der Altstadt mit Restaurants, schicken Einkaufsmöglichkeiten und luxuriösen Apartments.

La Loggia Rambaldi → O6
Piazza Principe Amedeo 7
Bardolino
✆ 045 621 00 91
www.laloggiarambaldi.it
Stilvolles Restaurant, **La Veranda** mit Seeblick, **La Loggia** im ehemaligen Pferdestall mit Kamin. Auf die Teller kommt feine italienische Küche. €€€–€€€€

Cafe' Italia → O6
Piazza Principe Amedeo 2
Bardolino
✆ 045 721 15 85
www.cafeitalia.it
Beliebt wegen seiner oppulenten Apritivi, hundert an der Zahl, große Auswahl auch lokaler Gerichte, gut sortierte Enothek, historisches Restaurant und große, schattige Terrasse am See. €€–€€€

La Formica → O6
Piazza Lenotti 11
Bardolino
✆ 045 721 17 05
www.laformica.vr.it
Gemütliche Trattoria, auch Tische auf der Piazza, hausgemachte Pasta, Fisch, Fleisch und Pizza. €€–€€€

Locanda Al Bersagliere → O6
Via San Colombano 47
Bardolino
✆ 045 621 23 61
www.locandaalbersagliere.com
Oberhalb des Ortes mit Blick auf den See, vorzügliche regionale Küche; Reservierung empfohlen. €€–€€€

Azienda Agricola Guerrieri Rizzardi → O7
Strada Campazzi 2, Bardolino
✆ 045 721 00 28
www.guerrieririzzardi.it
Kostenlose Führung und Verkostung auf Deutsch an bestimmten Terminen (vgl. Website)
Renovierte Cantina, Weinverkauf, Führung und Verkostung.

Antiquitätenmarkt → O6
Jeden 3. Sa im Monat, rund um die Piazza Matteotti

Im weichen Abendlicht: die Hafenpromenade von Lazise

Wochenmarkt ➡ O6
Jeden Do vormittags, neben der Pfarrkirche San Severo

Ausflugsziele:

Villa Rizzardi/ Giardino di Pojega ➡ P11
30 km östlich von Bardolino
Via Pojega 8, Loc. Pojega
Negrar
✆ 045 721 00 28
www.pojega.it
Weinverkauf im Nebengebäude
Der Garten (350 000 m²) *all'italiana* mit Tempelchen und Statuen ist ein botanisches Paradies, im »Grünen Theater« im Sommer Konzerte, Vorausbuchung per Telefon oder E-Mail.

Parco Natura Viva ➡ Q8
10 km von der Autobahnausfahrt Affi (östlich von Bardolino)
Località Quercia
Bussolengo
✆ 045 717 01 13
www.parconaturaviva.it
Hier kann man mit dem eigenen Pkw auf Safari gehen, der große Zoo wird zu Fuß erkundet.

Lazise ➡ P/Q6

Beeindruckend im Urlaubsort Lazise ist der starke, vollständig erhaltene Mauerring mit seinen Zinnen und Wehrtürmen, der die Stadt und das Skaliger-Kastell (Privatbesitz, nicht zu besichtigen) seit dem Mittelalter schützt. Der verwinkelte Altstadtkern ist verkehrsfrei, einladend für einen gemütlichen Bummel.

Aus der Zeit, als die Veneziane den Ort als Kriegshafen gegen Mailand benutzten, ist die 43 Meter lange **Dogana** bis heute erhalten (nur bei Ausstellungen und Konzerten geöffnet). Ursprünglich gehörte der mächtige Bau zur Werft, später diente er als Zollhalle für Güter aus Venetien, die über den See

Fresko einer stillenden Maria in der Chiesa San Nicolò (Lazise)

nach Norden weitertransportiert wurden. Spektakulär ist die im 16. Jahrhundert erfolgte Umrüstung zur Sprengstofffabrik: Alle sechs Monate trieben die Schäfer der Umgebung etwa 200 Schafe ins Arsenal, wo sie blieben, bis sich genügend Urin angesammelt hatte. Mit spezieller Erde vermischt ergab dies einen Sprengstoff (Schwarzpulver), der von den Lacisiensi verkauft wurde.

Friedlicherem Zwecke dient die vor der Dogana stehende Kirche **San Nicolò** (12. Jh.). Einige von Giotto beeinflusste Fresken lohnen den Besuch, gleich am Eingang rechts vor allem eine schöne Darstellung der stillenden Muttergottes (Milchmadonna).

Außerhalb der Stadt ist die **Villa dei Cedri** eine empfehlenswerte Adresse für Erholung und Freizeit. Spektakulär ist der 5000 Quadratmeter große See, der wie auch ein kleinerer See und das Schwimmbad von bis zu 37 Grad warmen Thermalquellen gespeist wird. Zahlreiche Umkleidekabinen sind im Park verteilt, für sportliche Gäste gibt es ein Fitnesscenter, angeschlossen ist ein Zentrum für Kosmetik und Gesundheitspflege. Für Gäste der Residenzen und des Hotels sind alle Einrichtungen kostenfrei, andere bezahlen Eintritt.

Tourist Information ➡ R6
Piazza Vittorio Emanuele II 20 (beim Hafenbecken), Lazise
✆ 045 223 71 83
www.tourismlazise.it

CanevaWorld/Movieland/Aqua Paradise ➡ R6
Via Fossalta 58, Lazise
✆ 045 696 99 00
www.canevaworld.it
Hauptattraktion sind hier spektakuläre Stunt-Shows. Zudem versprechen Movie Studios, Rockcafé und Spaßbad viel Abwechslung.

Ristorante Cristina ➡ Q6
Via Gardesana 96, Lazise
✆ 045 647 07 11
www.hotelcristinalazise.it
Reservierung erwünscht
Ansprechendes Restaurant mit guter Küche, auch Pizzeria. €€–€€€

Alla Grotta ➡ P/Q6
Via Fontana 8, Lazise
✆ 045 758 00 35
www.allagrotta.it
Reservierung erwünscht
Direkt am Hafenbecken gelegenes Restaurant, das bekannt ist für seine Fisch- und Grillspezialitäten. €€

Il Porticciolo ➡ P/Q6
Lungolago Marconi 22
Lazise
✆ 045 758 02 54
www.ilporticcioloristorante.it
Großes Vorspeisenbüffet, Fischspezialitäten, z. B. Risotto alla Tinca (Reis mit Schleie), Blick zum Seeufer, mit Gartenbereich. €€€

Wochenmarkt ➡ Q6
Jeden Mi vormittags beim Viale Roma

LosLokos Bikeshop ➡ P/Q6
Via Gardesana 71, Lazise
✆ 045 758 13 49
www.loslocosbikeshop.com
Verleih aller Rad-Typen, Angebot von Touren.

Ausflugsziel:

Villa dei Cedri/ Parco Termale del Garda ➡ R6
Piazza di Sopra 4
Colà di Lazise
✆ 045 759 09 88
www.villadeicedri.com
Thermalbad mit Kosmetikcenter. Park mit 5000 m² großem Badesee, gespeist aus einer Quelle in 160 m Tiefe und abends beleuchtet. Preiswertes SB-Restaurant (€) und elegantes Restaurant Villa Moscardo (€€€€).

Peschiera ➡ S5/6

Gleichgültig, von welcher Seite man sich Peschiera nähert, ob über Straßen oder mit dem Boot vom Wasser her, immer entsteht der Eindruck, sich in eine Festung zu begeben. Kaum lösbar, aber bei einem Spaziergang durchaus interessant, sind die Zusammenhänge der auf drei Insel verteilten Stadtteile, durch Brücken miteinander verbunden, unterbrochen vom **Mincio**, dem einzigen Abfluss des Gardasees. Und immer wieder trifft der Blick auf Teile der von den Venezianern erbauten (1550) und von den Österreichern im 19. Jahrhundert erweiterten Festungsanlage: zwei Kilometer lange, teils begehbare Wälle mit fünf vorspringenden Bastionen. Besonders stimmungsvoll und nach gebackenen Sardinen duftend ist zwischen Festung und Altstadt montags der Wochenmarkt auf der **Piazzetta Betteloni** und Umgebung.

Innerhalb der Fußgängerzone geht es dann über die **Via Roma** und parallel verlaufende, enge Gassen mit Bars und Boutiquen zum **Canale di Mezzo**. Dort versammeln sich viele Restaurants und Pizzerien, eine sogar anheimelnd auf einem im Wassser schaukelnden Floß. Von hier aus kann man zuschauen, wie sich

der Mincio unter Brückenbögen verabschiedet, um südwärts die Moränenhügel zu durchlaufen und rund um Mantua die bis zum Po reichenden Reisfelder zu bewässern.

Tourist Information ➡ S5/6
Piazzale Betteloni 3
Peschiera
✆ 045 644 47 00
www.tourismpeschiera.it

Ardea Purpurea ➡ S5/6
Strada S. Cristina 13, im Hotel Le Ali del Frassino
Loc. Laghetto del Frassino Peschiera, Peschiera
✆ 045 495 03 27
www.lealidelfrassino.it
Stilvolles Restaurant in einer Villa, fantasievolle lokale Küche in Bio-Qualität, große Weinauswahl, Blick auf den naturgeschützten Frassino-See. €€€€

Il Cantinone ➡ S5/6
Via Galilei 14, Peschiera
✆ 045 755 11 62
www.ristoranteilcantinone.net
Fischspezialitäten, Salatbuffet, Büffel-Mozzarella. Mit gemütlichem Innenhof. €€–€€€

Pizzeria Al Canal ➡ S5/6
Via Fontana 3/5 (Canale di Mezzo)
Peschiera
✆ 045 755 27 70
www.osteriaalcanal.com
Schöne Lage am Kanal, Tische im Freien, mit Wintergarten. €€–€€€

Wochenmarkt ➡ S5/6
Jeden Mo vormittags rund um die Piazzetta Betteloni

Ausflugsziele:

Gardaland Park ➡ R6
Via Derna 4
Castelnuovo del Garda
3 km von Peschiera Richtung Lazise
✆ 045 644 97 77
www.gardaland.it

Straßenbrücken verbinden die alten Stadtteile Peschieras

Kombiticket mit Gardaland Sealife, online im Voraus Eintritt deutlich günstiger
Viele Fahrgeschäfte, beliebt sind die Achterbahnen, und Attraktionen für die ganz Kleinen wie Karussels und Spielbereiche. In der Saison braucht man Geduld. Mit Hotels (Themenzimmer).

Gardaland Sealife Aquarium ➡ R6
Via Derna 4 (gegenüber Gardaland Park), Castelnuovo del Garda
✆ 045 644 97 77
www.gardalandsealife.it
Kombiticket mit Gardaland Park
Interaktiv gestaltetes Aquarium, mit Unterwassertunnel. Pädagogisch wertvolle Vorführungen mit allerlei Meerestieren.

Cantina Colli Morenici ➡ T5
Strada Monzambano 75
Ponti sul Mincio

Von Peschiera 4 km auf der SP 19 nach Süden
✆ 03 76 80 97 45, www.cantinacollimorenici.cantinediverona.it
Weine der Region wie der Garda Colli Mantovani DOC oder der Garda DOC können probiert und gekauft werden, auch in Bioqualität.

Valeggio sul Mincio/ Borghetto ➡ südl. T6
Wenn der Mincio-Fluss aus dem Gardasee tritt und Peschiera durchflossen hat, fließt er etwa 15 Kilometer weiter südlich zu Füßen des Städtchens **Valeggio sul Mincio** durch den Ortsteil **Borghetto**. Dort schaut man hinter einem rauschenden Wehr auf ein merkwürdig anmutendes Bauwerk: den **Ponte Visconteo** (600 m lang, 26 m breit, 10 m hoch). Abgesehen von dem Bollwerk, einem Konglomerat aus Damm, Brücke, Kanälen und Wehren zur Abwehr der Feinde, hatte der Mailänder Fürst Gian Galeazzo Visconti (1351–1402) noch andere Absichten: Er wollte seinen Erzfeinden, den Gonzaga in Mantua, die Wasserversorgung durch den Mincio abschneiden. Dazu kam es zwar nicht, aber die Sperre hinderte 1438 die Venezianer, den Gardasee mit ihrer Kriegsflotte über den Mincio zu erreichen. Sie mussten den komplizierten Landweg über die Berge im Norden wählen (vgl. S. 31).

Gärtnerherzen schlagen schneller: Tulpenblüte im Parco Giardino Sigurtà

Auf der 600 Meter langen Brücke wird einmal im Jahr (3. Di im Juni) für 4000 Menschen eine Pasta-Spezialität von Valeggio sul Mincio serviert: **Nodi d'Amore**, die Liebesknoten. Eine Erinnerung an die Legende eines tapferen Soldaten, der nachts einer Nixe auflauerte, sie verliebten sich ineinander, doch die Nixe musste zurück ins Wasser und schenkte ihm als Liebespfand ein zartes Taschentuch mit einem Knoten. Nach langem Hin und Her, Verhaftung etc. sprangen schließlich beide Liebenden in den Fluss und ließen am Ufer das verknotete Tüchlein zurück.

Auf halbem Wege zwischen Valeggio und Peschiera liegt eine für Liebhaber der Botanik unverzichtbare Naturschönheit, der **Parco Giardino Sigurtà** ➡ T6. Dem Grafen Carlo Sigurtà gelang es, auf einem 50 Hektar großen Areal mit ursprünglich trockenen Hügeln eine üppige Mittelmeerflora anzusiedeln, indem er Wasser aus dem Mincio entnahm. Unvergleichlich sind die Tulpenblüte im März und April (1 Mio. Exemplare), im Mai die Rosen (30 000 Exemplare), danach Dahlien, Seerosen, Lotusblumen und viele andere bunte Blüten. Wer gern Versteck spielt, kann sich im 2500 Quadratmeter großen Labyrinth vergnügen.

ℹ Tourist Information ➡ T6
Piazza C. Alberto 32
37067 Valeggio sul Mincio
✆ 045 795 18 80
www.valeggio.com

Seerosenfelder auf dem Mincio-Fluss

Parco Giardino Sigurtà ➡ T6
8 km südlich der Ausfahrt Peschiera der A4
Via Cavour 1, Valeggio sul Mincio
✆ 045 637 10 33
www.sigurta.it
Weitläufige, 600 000 m² große Parkanlage mit Restaurant und Picknickplatz.

Ristorante Lo Stappo ➡ T6
Via Raffaello Sanzio 18
Borghetto
✆ 045 637 01 46
www.lostappo.com
Große Auswahl venezianischer Gerichte, Terrassen in romantischer Lage am Fluss Mincio. €€€

Antica Locanda Mincio ➡ T6
Via Buonarroti 12, Borghetto
✆ 045 795 00 59
www.anticalocandamincio.it
Nudel- und Fischgerichte im alten Stadtviertel Borghetto. €€

Antiquitätenmarkt in Valeggio sul Mincio ➡ T6
Jeden 4. So im Monat auf der Piazza Carlo Alberto

Wochenmarkt in Valeggio sul Mincio ➡ T6
Jeden Sa vormittags

Ausflugsziel:

Parco Acquatico Cavour
➡ südl. T6
Via Napoleonica s/n
Valeggio sul Mincio
✆ 045 795 09 04
www.parcoacquaticocavour.it
Wasserspaß auf 150 000 m² Fläche. Karibikgefühle auf künstlichem Strand und in tropischer Landschaft.

Auf einer Halbinsel im Gardasee: Sirmione

Der Südwesten

Die Reihenfolge der Vista Points entspricht dem Uferverlauf von Osten nach Westen.

Schon die Römer schätzten dieses fruchtbare Gebiet, wie heute noch ihre Spuren beweisen: in Sirmione eine römische Landvilla und in Oberitaliens schönster römischer Anlage in Desenzano Mosaiken mit in der Landwirtschaft arbeitenden Gehilfen Amors. Auch im Mittelalter mussten die Produkte der Hügellandschaft gegen habgierige Feinde geschützt werden, weshalb hier viele Burgen zwischen Desenzano, Padenghe, Moniga und Manerba das Ufer schmücken. So zeigt sich der Südwesten des Gardasees dem Urlauber von heute mit einem Reichtum historischer und kultureller Zeugen.

Sirmione ➡ Q3

Westlich von Peschiera ist die Grenze der Region Veneto, Sirmione gehört bereits zur Lombardei, Provinz Brescia. Als Sirmione nach der Einigung Italiens die Wahl hatte, sich der Provinz Verona oder Brescia unterzuordnen, stimmten die Händler der Stadt für Brescia: weil sie bei der Fahrt zum Markt nach Westen die wärmende Sonne im Rücken hatten und umgekehrt bei der Rückfahrt nach Sirmione. Heute bleiben die Händler lieber in der 8500-Einwohner-Stadt und widmen sich den vielen Touristen, die vor allem in der Urlaubszeit die engen Gassen und Plätze der Römergründung überfluten.

Zeugnisse der Römerzeit sind ein Teil der Anziehungskraft: die berühmten **Grotten des Catull**, Ruinen einer römischen Wohnanlage samt Therme auf einem der drei Hügel der Stadt. Der Name der ehemaligen römischen Villa verwirrt und führt irre: Die gigantischen Mauerbögen der untersten Etage wurden im Volksmund als Grotten, als nach vorne geöffnete Höhlen empfunden. Wahrscheinlich handelt es sich aber um eine statische Unterkonstruktion als Basis für die über dem See hängenden oberen Stockwerke. Auch kann der Dichter Catull (85–54 v. Chr.) nie in der Villa gewohnt haben, er starb rund 200 Jahre vor dem Bau der römischen Luxusanlage (150 n. Chr.).

Doch ehe die Besucher die römische Anlage erreichen, treffen sie auf eine andere bedeutende Sehenswürdigkeit Sirmiones, das

6 **Castello Scaligero**, die mächtige Scaliger-Festung, wahrscheinlich die schönste Wasserburg Oberitaliens. Mastino I. della Scala ließ das gewaltige Bollwerk (13. Jh.) mit Wassergraben, Zugbrücke und Wehrturm vor der Einnahme durch die zornige Bevölkerung schützen. Grund war, dass der Herrscher, um dem Papst zu gefallen, viele der Patariner, die den Kirchenfürsten nicht anerkannten, töten, andere in Schauprozessen wegen Ketzerei zum Tode verurteilen ließ.

Lohnenswert ist außerdem ein Abstecher zur ältesten Kirche der Stadt, **San Pietro in Mavino** (8. Jh.). In der mittleren Apside fasziniert das Fresko mit Christus Pantokrator, dem Weltenrichter (1321). Ergötzlich sind die zwei flankierenden Engel mit Posaunen und aufgeblähten, fast platzenden Backen.

Tourist Information ➡ Q3
Viale Marconi 8
25019 Sirmione
✆ 030 728 53 27
www.sirmionebs.it

6 **Castello Scaligero**
➡ Q3
Piazza Castello 34
Sirmione

Die mächtige Scaligerburg in Sirmione

Ruinen einer römischen Wohnanlage: die Grotten des Catull

✆ 030 91 64 68
museilombardia.cultura.gov.it/en
Mächtige Scaliger-Festung aus dem 13. Jh.

Grotten des Catull ➡ Q3
Piazzale Orti Manara 4
Sirmione
✆ 030 91 61 57, www.facebook.com/grottedicatullo.sirmione
Ruinen einer römischen Wohnanlage samt Therme.

San Pietro in Mavino ➡ Q3
Via San Pietro in Mavino 8 (nahe Grotten des Catull)
www.gardasee.de/sirmione/kirche-san-pietro-mavino
Eintritt frei
Älteste Kirche der Stadt, mit Fresken in byzantinischer Tradition.

La Rucola ➡ Q3
Via Strentelle 3, Sirmione
✆ 030 91 63 26
www.ristorantelarucola.it
Kleines, feines Restaurant, kreative Küche, Michelin-Stern, Spezialitäten v. a. aus dem Meer. €€€€

Ristorante Antica Contrada
➡ Q3
Via Colombare 23, Sirmione
✆ 030 990 43 69
www.ristoranteanticacontrada.it
2 km vom Zentrum, Fisch vom Gardasee, hausgemachte Pasta. €€€

Ai Cigni ➡ Q3
Via Vittorio Emanuele II 12
Sirmione
✆ 030 919 61 71
Eisdiele und Cafeteria, Pizza, Pasta und belegte Brote. €€

Garda Frutta ➡ Q3
Via Verona 174, Sirmione
✆ 030 990 51 97
Feinkostgeschäft mit frischen Produkten der Region, Wein, Olivenöl, Pasta, Trüffel.

Wochenmarkt ➡ Q3
Mo in Colombare, Fr in Lugana, jeweils vormittags entlang der Hauptstraße

Aquaria ➡ Q3
Via Don Piatti 1, Sirmione
✆ 030 91 60 44
www.termedisirmione.com
Poollandschaft und vielfältiges Wellnesscenter.

7 Desenzano del Garda

➡ Q/R2

Desenzano ist mit 30 000 Einwohnern die größte Stadt am Gardasee. Funde von Pfahlbauten beweisen, dass die Gegend schon in der Bronzezeit besiedelt war. Der Stolz der Desenzanesi ist der im **Archäologischen Museum** aufbewahrte, älteste jemals gefundene Pflug, datiert auf 2028–2004 v. Chr. Der nächste kunsthistorische Schatz ist die 1921 beim Hausbau entdeckte **Villa Romana** (2./3. Jh. n. Chr), Ruinenreste einer Prunkvilla mit Empfangsräumen, Festräumen, großem Speisesaal, Wohn- und Schlafgemächern, Gärten und einem Thermalbad.

Eine Besonderheit sind die vielfarbigen Mosaiken mit den Amorini, den geflügelten Gehilfen des Liebesgottes Amor. Aber sie tragen nicht Köcher mit Liebespfeilen, sondern helfen Bauern und Fischern bei der Arbeit: Sie lesen Trauben in den Weinbergen, sitzen in den Bäumen und pflücken Oliven oder fahren mit Booten auf dem Gardasee, um Forellen und Sardinen zu fangen.

Ehe der Bummel durch die farbenfrohen Gassen der Altstadt beginnt, sollte noch die dritte Sehenswürdigkeit besucht werden: die Pfarrkirche **Santa Maria Maddalena** (1524–1603). In der Sakramentskapelle hängt Giovanni Battista Tiepolos (1696–1770) in der Perspektive ungewöhnliches »Letztes Abendmahl«. Der Tisch steht nicht breit vor dem Betrachter, sondern ist von der Schmalseite in die Tiefe gezogen. Außerdem sitzt Jesus nicht in der Mitte, sondern am linken Rand des Bildes.

In der Nähe des Hafens für die Fährschiffe befinden sich mehrere Parkplätze. Am See entlang nach Norden kommt man gleich zum mit Fischerbooten besetzten alten Hafen, dem **Porto Vecchio**. Von hier aus ist schnell die Piazza Duomo mit der Pfarrkirche erreicht und über die Via Crocifisso die römische Villa. Wer den Blick über die Stadt, die Landzunge von Sirmione und den See genießen möchte, nimmt die zur Burg führende Via Castello.

Tourist Information ➡ R2
Porto Vecchio 34
25015 Desenzano
✆ 030 999 13 51
www.visitdesenzano.it

Museo Archeologico G. Rambotti ➡ R2
Chiostro di Santa Maria de Senioribus, Via Anelli 42
Desenzano
✆ 030 914 45 29
www.onde.net/desenzano/citta/museo/index.htm
Vor- und frühgeschichtliche Funde aus der Region, u. a. ein Pflug aus der Bronzezeit.

Castello ➡ R2
Via Castello s/n, Desenzano
✆ 030 914 35 47, www.gardasee.de/desenzano-del-garda/castello-burg
Sehenswerter Blick über Stadt und See.

Villa Romana ➡ R2
Via Crocefisso 22
Desenzano
✆ 030 914 35 47, www.villaromana desenzano.beniculturali.it
Ruinen einer riesigen spätantiken Villa, vielfarbige Mosaiken.

Ristorante Esplanade ➡ R2
Via Lario 3, Desenzano
✆ 030 914 33 61
www.ristorante-esplanade.com
Vornehmes Restaurant, Reservierung empfohlen. €€€€

Venezianisch geprägt: Palast am alten Hafenbecken von Desenzano del Garda

Inmitten der Olivenhaine und Weingärten des Valtènesi liegt Manerba

Colomba ➡ R2
Porto Vecchio 16, Desenzano
✆ 030 914 37 01, www.ristorantecolombadesenzano.com
Am alten Kanalhafen, rustikal, v. a. Fischgerichte, Steinofenpizza. €€

Ristorante al Portico ➡ R2
Via Anelli 44, Desenzano
✆ 030 999 11 07
www.lagodigarda.com/ristoranti/al-portico-desenzano.php
Direkt am See, vorwiegend Fischgerichte. €€

Artclub Disco ➡ R2
Via Mella 4
Desenzano, Ortsteil Faustinella
✆ 030 912 72 85
www.artclubdisco.com
Trendige Diskothek, hier tanzt man bis in die frühen Morgenstunden; auch Livemusik.

Antiquitätenmarkt ➡ R2
Jeden 1. So im Monat (außer Jan., Aug.), auf der Piazza Malvezzi hinter dem alten Hafen

Wochenmarkt ➡ R2
Jeden Di vormittags

Ausflugsziele:

7 **Le Fornaci Romane** ➡ R1
Via Mantova 54, Lonato
✆ (030) 91 39 22 26
www.fornaciromanedilonato.it
Die renovierten, gut erhaltenen Brennanlagen der Römer sind momentan nur sonntags zu besichtigen. Zu anderen Terminen Voranmeldung beim Bürgermeisteramt: fornaciromane@comune.lonato.bs.it

Coco Beach ➡ R2
Via Catullo 5, Lido di Lonato nördlich Desenzano
✆ 392 172 16 59
www.cocobeachclub.com
Sensationeller Club und Restaurant am aufgeschütteten Sandstrand.

Valtènesi ➡ Q1-N2
Das berühmte Weinbaugebiet in den Moränenhügeln wurde bereits von den Römern besiedelt. Hier bauten sie ihre mächtigen Öfen, um Backsteine für ihre Villen zu backen; die Fornaci wurden restauriert und sind zu besichtigen. Für Ausflügler, Hobbyfotografen vor allem, sind die vielen Burgen der Gegend einen Halt wert.

Das **Castello di Desenzano** wurde bereits erwähnt (vgl. S. 49), der nächste Stopp der Burgentour ist das stolze **Castello di Padenghe** ➡ P1 (11., 13. Jh.) mit Parkplatz direkt vor dem Tor. Drei Gassen mit Wohnhäusern und Krautgärtchen führen durch die Anlage, die frei zu besichtigen ist.

Im Zentrum des nächsten Ortes, in Moniga, ist das **Castello di Moniga** (10./11. Jh.) ➡ P2 ebenfalls frei zu besichtigen. Über drei Gassen kann man das Leben der Menschen in ihren kleinen Häusern hinter Mauern bewundern.

Mitten im auf den Hügeln liegenden Ort **Soiano** ➡ O/P1 steht die Ruine des **Castello di Soiano** (12. Jh.), im Sommer eine feierliche Kulissse für die beliebten Musikveranstaltungen.

Wieder runter in Richtung See befindet sich in **Manerba** ➡ O1/2 das **Museo Civico Archeologico della Valtènesi,** überragt

von einem hohen Felsen, dem Naturreservat **Rocca di Manerba**. Dort wurden die Grundmauern der ehemaligen Burg ausgegraben, doch die meisten Besucher interessieren sich mehr für den weiten Blick auf den See und die Oliven-Reben-Landschaft. Der Aufstieg vom Parkplatz neben dem Museum ist jederzeit möglich.

Zum Abschluss der Tour kann in **San Felice del Benaco** ➡ N2 die Wallfahrtskirche **Madonna del Carmine** besucht werden. Sehenswert sind dort die Fresken der lombardisch-venetischen Schule (15. Jh.), die sich vor allem um die verehrte Skulptur der Madonna del Carmine gruppieren.

Ufficio Turistico ➡ N2
Piazza Municipio 1
San Felice del Benaco
✆ 03 65 625 41
www.visitgarda.com
Nur Juni–Sept.

Madonna del Carmine ➡ N2
Via del Carmine 11
San Felice
✆ 03 65 623 65
www.carminesanfelice.it
Wallfahrtskirche mit Gästehaus, im Sommer Bar und Restaurant für Gäste.

Rocca di Manerba del Garda – Riserva Naturale, Museo Civico Archeologico della Valtenesi ➡ O1/2
Via Rocca 20, Manerba
✆ 03 65 65 98 46 (Naturreservat)
✆ 339 613 72 47 (Museum, mobil)
www.riservaroccamanerba.com
Eintritt Museum frei
Das Museum zeigt Funde der Ausgrabungen auf der Rocca und gibt Informationen über die historische Bedeutung der früheren Burg.

La Pergola ➡ P2
Cantine delle Valtènesi e delle Lugana, Via Pergola 21
Moniga
✆ 03 65 50 20 02
www.cantinelapergola.it
Verkauf von Wein (probieren möglich), Olivenöl, Eingelegtem, Gebäck etc.

8 Isola del Garda ➡ N3

Lange Zeit konnte man das kleine Inselchen Isola del Garda nur mit dem Fernglas betrachten – von der in den See vorspringenden Baia del Vento (schöner Strand) zwischen Salò und San Felice. Jetzt ist es, kombiniert mit einer Bootsfahrt, möglich, bei einem zweistündigen Rundgang etwas über die Geschichte der Insel zu

Sportlich geht es durch die sanften Hügel des Weinanbaugebiets Valtènesi

erfahren. Alberta, Tochter der Familie Borghese Cavazza, der die Insel heute gehört, führt Besucher persönlich durch die riesige **Villa Scipione-Borghese** und die Gärten des liebevoll gepflegten Kleinods. Dabei erfährt man, dass bereits die Römer auf der Insel lebten, Franz von Assisi 1221 hier eine Einsiedelei gründete, ein Kloster zerstört, die Insel versteigert und schließlich um 1900 die neugotische Villa gebaut wurde. Der Stolz der Familie sind die Gartenanlagen, deren Artenvielfalt und großblütige Rosen, Zitronenbäume, Zypressen und Magnolien dem warmen Mikroklima zu verdanken sind. Die Führung endet mit einer Verkostung lokaler Produkte.

Isola del Garda ➡ N3
Azienda Agricola Borghese Cavazza Società Agricola
✆ 328 612 69 43
www.isoladelgarda.com
info@isoladelgarda.com
Voranmeldung obligatorisch
April–Okt. Schiffsverbindungen ab Barbarano di Salo, Gardone Riviera, Salo, Portese, Sirmione, Torri del Benaco, Maderno, Manerba, San Felice, Garda, Gargnano und Bardolino (meist einmal am Tag).

Der Westen – Riviera dei Limoni

Die Reihenfolge der Vista Points entspricht dem Uferverlauf von Norden nach Süden.

Südlich von Riva, in Limone, beginnt die Riviera dei Limoni, Teil der Gardesana Occidentale (SS 45 bis). Die Zitronenriviera endet in Salò. Ein Nachteil der Strecke ist, dass 29 Kilometer bis Gargnano teils durch Tunnels führen. Wer das scheut, fährt in Limone aufwärts auf die Hochebenen von Tremosine und Tignale, eine landschaftlich abwechslungsreiche Strecke mit vielen kleinen Dörfern, mitten im Parco Alto Garda Bresciano. Vom gemütlichen Gargnano geht es dann, immer am Gardasee entlang, über Toscolano Maderno (Fährverbindung ans Ostufer) und Gardone Riviera in das Shopping-Städtchen Salò.

Limone sul Garda ➡ F7/8
Auch wenn die Zitronenriviera in Limone sul Garda beginnt, hat der Ortsname nichts mit der Zitrusfrucht zu tun, sondern geht zurück auf den lateinischen Ausdruck

Villa Scipione-Borghese im venezianischen Stil auf der Isola del Garda

limes (Grenze). Trotzdem sind Besucher immer wieder von den *Limonaie* (Zitronengärten) begeistert, die auch Goethe auf seiner Italienreise im September 1786 bei der Fahrt von Torbole nach Malcesine vom Boot aus entdeckte: »Wir fuhren bei Limone vorbei… mit Zitronenbäumen bepflanzt, besteht der ganze Garten aus Reihen von weißen, viereckigen Pfeilern, die in einer gewissen Entfernung voneinander stehen und stufenweise den Berg hinaufrücken.« Viele dieser *Limonaie* wurden seitdem zweckentfremdet, zu Hotels und Wohnungen umgebaut. Immerhin hat man vor einigen Jahren die der Gemeinde geschenkte **Limonaia del Castèl** restauriert und für Besucher geöffnet.

Zwischen den vielen Hotelkästen der Neuzeit und der in der Saison von Touristen total überfüllten Promenade **Lungolago Marconi** ist endlich der Ortskern rund um den romantischen Hafen, den **Porto Vecchio**, eine Erholung für das Auge. Noch mehr, wenn man hinter dem Gewölbegang nach einem steilen Sträßchen auf der kleinen Terrasse vor der **San Rocco-Kapelle** steht und den Blick nach Süden über den Ortskern auf die höher stehende Kirche San Benedetto und die Anlegestelle für die Linienboote schweifen lässt. Zu den althergebrachten Berufen Limones gehörte früher auch die Fischerei. Um die Erinnerung an die Geschichte alter Traditionen lebendig zu erhalten, wurde 2012 das **Museo dei Pescatori** eröffnet.

Consorzio Turistico Limonese ➡ F7/8
Via IV Novembre 29
25010 Limone sul Garda
✆ 03 65 95 47 20
www.limonehotels.com

Museo dei Pesacatori/Fischermuseum ➡ F7/8
Parco Comunale (ex Villa Boghi)
Limone
www.visitlimonesulgarda.com
Eintritt frei
Historische Fischereigeräte und Boote.

Zitronengarten in Limone sul Garda

Museo del Turismo ➡ F7/8
Via Lungolago Guglielmo Marconi 1, Limone
✆ 03 65 95 40 08
Die Geschichte des Tourismus am Gardasee: sehenswerte Sammlungen von Plaketten, Veranstaltungskalendern, Reiseführern, Briefen, Souvenirs etc.

Limonaia del Castèl ➡ F7/8
Via Orti 9
Limone
✆ 03 65 95 40 08
Klassisches Gewächshaus mit Zitrusfrüchten auf mehreren Terrassen, Besucher erhalten ausführliche Informationen.

Monte Baldo ➡ F7/8
Via Porto 29, Limone
✆ 03 65 95 40 21
www.montebaldolimone.it

Wegen seiner landschaftlich schönen Lage gehört Limone zu den beliebtesten Urlaubszielen am Gardasee

Mit Terrasse, Blick zum See, frischer Fisch (Tagesfang), Fleisch aus biologischer Aufzucht, hausgemachte Pasta. €€€

Al Molo ➡ F7/8
Via Porto 11, Limone
✆ 03 65 95 46 72
www.gardasee.com/restaurants/bar-al-molo-limone.php
Snackbar mit Sandwiches, Pizza und Kleinigkeiten, nette Atmosphäre, Tische am alten Hafen. €€

Al Torcol ➡ F7/8
Via IV Novembre 44, Limone
✆ 03 65 95 41 69
www.gardasee.com/restaurants/al-torcol-limone.php
Im Angebot sind Spezialitäten der Region, Fisch- und Fleischgerichte, auch Pizza. €€

Ali Babà ➡ F7/8
Via Einaudi 6, im Hotel Saturno Limone
✆ 03 65 95 40 76
Vielbesuchte Disco.

Wochenmarkt ➡ F7/8
Jeden 1. und 3. Di im Monat, vormittags, am Lungolago Marconi

Veranstaltungen ➡ F7/8
Zahlreich sind in den Sommermonaten die Veranstaltungen in Limone: Klassikkonzerte und Jazz live, Feuerwerk und – besonders beliebt – zahlreiche Kunstausstellungen in den Gassen der Altstadt (auch Verkauf).

Tremosine ➡ F/G6/7
Mitten im **Parco Regionale dell'Alto Garda** liegen zwei Hochebenen, ein beliebtes Ziel für Wanderer und Mountainbiker. Tremosine (18 Ortsteile) und Tignale (6 Ortsteile) sind Sammelbegriffe für mehrere Ortschaften. Fast von überall blickt man über den See und auf den gegenüber liegenden Bergzug des **Monte Baldo** ➡ G–J8/9. Am Rande der Ebenen muss man beim Blick in die Tiefe schwindelfrei sein, die steil abfallenden Felswände

sind bis zu 400 Meter hoch. Am südlichen Ortsende von Limone führt die SP 115 hinauf nach Tremosine mit Vesio, dem ersten Ort des Hochtals. Abenteuerlicher ist jedoch die Schlucht, die der **Wildbach Brasa** in das Gebirge gegraben hat. Die SS 45 bis biegt nach sechs Kilometern südlich Limone von der Gardesana Occidentale nach rechts ab, Wegweiser Strada della Forra. Die wilde Gebirgsschlucht fasziniert mit steilen Felsen, es geht durch Tunnels, die Kurven sind eng und häufig muss man geschickt manövrieren, rückwärts fahren, um den Gegenverkehr vorbeizulassen. Früher trieb das Wasser in der Klamm viele Mühlen und Schmieden an. Das Ziel ist Tremosines Hauptort **Pieve** mit einer hübschen Altstadt, vielen restaurierten Häusern aus dem 18. Jahrhundert, schönen Plätzen, kleinen Cafés und Restaurants.

Von Pieve geht es dann auf kurvigen Straßen Richtung Nordwesten auf die SP 38, wo die Käsefabrik **Alpe del Garda** ihre Tore öffnet. Unterwegs signaliseren schon die Kühe mit prallen Eutern auf grünen Almen, dass auf der Hochebene von Tremosine die Milchwirtschaft den Ton angibt. Wer sich körperlich bewegen will, findet kurz vor der Alpe den rechts abgehenden Wanderweg auf der Via San Michele, 4 km bis zur kleinen Wallfahrtskirche.

i Tourist Information/Pro Loco
➡ G7
Piazza Marconi 1
25010 Tremosine, Ortsteil Pieve
✆ 03 65 95 31 85
www.infotremosine.it

La Brasa ➡ G7
Via Benaco 22, in der Klamm, unterhalb Ortsteil Pieve
Tremosine
✆ 03 65 91 81 19
www.brasa.it
Rustikale Räume in einer ehemaligen Hammerschmiede, Terrasse über dem Wildbach, Fleisch und Forellen vom Grill, abends auch Pizza. €€

Hoch über dem Gardasee gelegen: Pieve di Tremosine

Miralago ➡ G7
Piazza Cozzaglio 2
Tremosine, Ortsteil Pieve
✆ 03 65 95 30 01
www.miralago.it
Schwindelerregende Terrasse über einem Felsvorsprung hängend, gern Schauderterrassse genannt. Lokale Küche. €€

Cooperativa Alpe del Garda ➡ G6
Via Provinciale 1, Tremosine, Ortsteil Polzone, an der SP 38 zwischen Vesio und Prabione
✆ 03 65 95 30 50
www.alpedelgarda.it
Verkauf von Käse, Fleisch- und Wurstwaren etc., Platz zum Verzehr der Einkäufe. Im **Restaurant** (€) werden hausgemachte Pasta, Polenta mit Käse, Fleisch vom Grill und zum Dessert Apfelstrudel serviert.

Cult-Walking Center ➡ G6
Via Mulino 9
Tremosine, Ortsteil Brasa
✆ 339 183 68 98
www.cult-walking.it
Geführte Nordic-Walking-Touren auf der Hochebene von Tremosine. Auch Schnuppertouren und Kinderkurse können gebucht werden.

Tignale ➡ H6
Um auf die Hochebene von Tignale zu kommen, geht es hinter der Käserei Alpe del Garda kurvig und steil auf und ab durch Wälder und über Bäche. In dieser Gegend, rund um **Prabione**, werden seit einiger Zeit Flusskrebse in Zuchtbecken gepflegt und in den Bächen wieder angesiedelt – sie gedeihen im sauberen Wasser prächtig. Im verwinkelten Bergdorf hat übrigens ein früherer Manager den Ausstieg gewagt, er brennt mit Sondergenehmigung Schnaps nach dem uralten Lambic-System in großen kupfernen Destillierkolben. Geht man die Straße an ihm vorbei nach unten, wartet dort das Museum des **Naturparks Alto Garda Bresciano**.

Hinter Prabione, immer weiter auf der SP 38, sollten nicht nur Bü-ßer langsam fahren, um die Auffahrt zur Wallfahrtskirche **Montecastello** auf 779 Meter Meereshöhe nicht zu verpassen. Sie heißt Castello, weil sie im 16. Jahrhun-

Abseilpassage während einer Canyoningtour bei Tignale

In exponierter Lage: die über dem Gardasee thronende Wallfahrtskirche Madonna di Montecastello

dert auf den Resten einer alten Skaligerburg erbaut wurde. Wer eher weltlichen Legenden glaubt, findet in der Kirche, rechts an der Langhauswand, ein drastisches Votivbild. Es zeigt die Lynch-Justiz am Ganoven Zuan Zanone (Zanzanú), der am westlichen Ufer und auf der Hochebene lange Zeit mordete, raubte und plünderte. Im Jahr 1617 hatten die Bewohner von Gardola und Umgebung schließlich genug und schickten den Burschen ins Jenseits.

Nach so viel Stress bietet der nächste Ort, **Gardola**, Gelegenheit, in der Latteria Turnaria (www.latteriaturnaria.it) eine Flasche Olivenöl oder ein Glas Zitronen-Marmelade zu kaufen und in den Gassen in einer der Trattorien einen Drink oder eine Polenta zu bestellen.

Tourist Information/Ufficio Unico del Turismo ➡ H6
Via Europa 7
Tignale, Ortsteil Gardola
✆ 03 65 733 54
www.tignale.org

Santuario di Montecastello ➡ H6
Via Chiesa s/n, zwischen Prabione und Gardola, ca. 2 km von Prabione
Parkplatz unten an der SP 38, der oben bei der Kirche ist meist überfüllt, zu Fuß über Pilgerweg oder enge Fahrstraße etwa 30 Min.
✆ 03 65 730 19, www.tignale.org/gardasee/Wallfahrtskirche-Montecastello.htm
Fantastischer Blick bis in den Süden des Sees und auf den Monte Baldo. Ziel der Wallfahrer ist hinter dem Hochaltar die Grottenkapelle mit der wundertätigen Madonna.

Centro Visitatori Parco Alto Garda Bresciano ➡ H6
Via Madre Teresa di Calcutta s/n
Tignale, Ortsteil Prabione
✆ 0365 71449
www.museoparcoaltogarda.it
Sehenswertes Museum des Naturparks, mit Videos und technischen Raffinessen. Informationen über die Entstehung des Gebirgszugs, Flora und Fauna, alte Berufe, zudem eine virtuelle Busfahrt auf der Gardesana, der Rundgang endet im finsteren Wald.

Al Lambic ➡ H6
Via San Zenone 1
Tignale, Ortsteil Prabione
✆ 03 65 734 02
www.agrilambic.it
Urige Trattoria mit Gewölbe, lokale Küche, Zutaten aus eigener Herstellung. Verkauf von Grappa,

hergestellt mit Sondergenehmigung nach alter Methode (*lambic*), wenn Restaurant geschlossen, einfach läuten. €€–€€€

Al Torchio ➡ H6
Via Europa 1
Tignale, Ortsteil Gardola
✆ 03 65 732 72
www.altorchiotignale.it
Traditionelles Lokal mit geschlossener Veranda, preiswertes Mittagsmenü. Auch Pizza. €€–€€€

9 Gargnano ➡ K4/5

Vom Norden kommend verwundern zunächst die vielen hohen gemauerten Pfeiler mit Dachbalken, die über die Hänge verteilt sind. Es handelt sich um *Limonaie*, um Zitronen-Gewächshäuser, ehemals neben der Fischerei der Haupterwerb der Gargagnesi. Die Zitrusfrucht brachten die Franziskaner im 13. Jahrhundert in das Städtchen. Als Beweis wurden einige Kapitelle des Kreuzgangs der Kirche **San Francesco** in der Via Roma mit Zitronen verziert. In der Nähe wurde das Zitronen-Gewächshaus **La Malora** für Besucher geöffnet (vgl. Kasten S. 66).

Am nördlichen Ende des Hafens steht der schmucke ehemalige **Palazzo Comunale** (18./19. Jh.), eine Stiftung der Verlegerfamilie Feltrinelli. Wer die Fassaden zur **Piazza Feltrinelli** aufmerksam betrachtet, findet in den Mauern einige Kanonenkugeln. Sie erinnern an die Belagerung durch die österreichische Gardaseeflotte im Jahr 1866, die Zeit der italienischen Widerstandsbewegung.

Bei der Fortsetzung des Bummels liegt rechter Hand die neoklassizistische **Villa Larghi Feltrinelli** (Ende 19. Jh). Ihre prunkvollen Säle dienen heute der Mailänder Universität als Sommersitz. Etwas außerhalb, gleich nach dem **Strandbad Fontanelle** (im Ort gibt es auch ein Hallenbad), steht in einem großen Park eine weitere Feltrinelli-Villa, im Volksmund **Villa del Duce** genannt. Sie wurde 1943–45 von Mussolini bewohnt, wodurch dem Städtchen die zweifelhafte Ehre einer »Hauptstadt« der Republik von Salò zuteil wurde. Heute ist hier ein Luxushotel untergebracht.

Tourist Information ➡ K4/5
Via Roma 47/49, Durchgang neben dem Rathaus
25084 Gargnano
✆ 03 65 04 21 00
www.thisisgargnano.it

An Gargnanos Uferpromenade gedeihen selbst im Winter Apfelsinen

Kreuzgang von San Francesco in Gargnano

Limonaia La Malora ➡ K4/5
Via della Libertà 2, Gargnano
✆ 339 369 94 01 (Fabio Gandossi)
www.limonaialamalora.it
Funktionierende historische Limonaia, Verkauf von selbst gemachtem Limoncello und Eingelegtem.

Al Miralago ➡ K4/5
Lungolago Zanardelli 5
Gargnano
✆ 392 907 44 05 (mobil)
Kleines Restaurant mit Terrasse an der Seepromenade, erlesene Fleisch- und Fischgerichte, von der Familie geführt, freundlicher Service. €€€–€€€€

Bar L'Officina ➡ K4/5
Piazza Vittorio Veneto 6
Gargnano
✆ 329 373 77 59 (mobil)
Gemütliche Bar in einer früheren Fahrrad-Reparaturwerkstatt (deshalb der Name), Treffpunkt der Einheimischen, freundlicher Service. Im Angebot sind auch kleine Gerichte. €€

Caffè Olimpia ➡ K4/5
Lungolago Zanardelli 10, nach dem Hafen, Gargnano
✆ 351 555 27 42 (mobil)
Tische am See, Snacks, kleine Gerichte, Aperitif mit Knabbereien, leckere Eisbecher, freundlicher Service. €€

Gelateria Azzurra ➡ K4/5
Piazza Angelo Feltrinelli 11
(am Hafen)
✆ 03 65 722 07
www.gelaterieazzurra.it
Große Auswahl an Speiseeis aus eigener Herstellung, außerdem Aperitif. €€

Running Club ➡ K4
Via Tavernini 48, Navazzo
✆ 03 65 79 12 17
www.pizzeriarunningclub.it
Große Auswahl an Pizzen, beste Qualität, auch Fleischgerichte. €–€€

Casa del Formaggio ➡ K4/5
Via Adami Don Primo 8
Gargnano
✆ 03 65 720 05
Reiche Auswahl an Lebensmitteln inklusive Käse, auch Obst und Gemüse, viele einheimische Produkte, Weinhandel, im Sommer Lunchpaket für den nahen Badeplatz.

Wochenmarkt ➡ K4/5
Jeden 2. Mi vormittags am Lungolago beim Hafen

Centomiglia ➡ K6
www.centomiglia.it
2. Wochenende im Sept.
Internationale »Regatta der 1000 Meilen« im Teilort Bogliaco.

Toscolano-Maderno ➡ L3/4

Toscolano-Maderno, nur vom Flusslauf des **Toscolano** getrennt, ist ein quirliges Ferienzentrum. Gleich am Anfang von Toscolano steht links die Pfarrkirche **S.S. Pietro e Paolo** (Ende 16. Jh.) mit auffallend prunkvoller Renaissancefassade. Im Inneren hängen 22 Gemälde des großen venezianischen Malers Andrea Celesti (1637–1712). Auch die Orgelflügel hat der Künstler mit einer »Anbetung der Heiligen Drei Könige« geschmückt und an der Innenwand der Fassade macht sein »Kindermord zu Bethlehem« betroffen.

Kunsthistorisch bedeutend ist auch die Pfarrkirche **Sant' Andrea** (12. Jh.) im Ortsteil **Maderno**, sie zählt zu den schönsten romanischen Kirchen Norditaliens. Bei der Fassade wurde römisches und langobardisches Spolienmaterial verwendet, doch am faszinierendsten sind am Portal die Blattranken und Früchte, Löwen, Adler und Fabelwesen, im Giebelfeld rätselhafte menschliche Köpfe. Im dreischiffigen Innenraum begeistern die roh gehauenen Pfeiler und Säulen mit kunstvoll gearbeiteten Kapitellen.

Tourist Information ➡ L3

Viale Ugo Foscolo s/n
Ortsteil Maderno
Maderno
✆ 03 65 51 51 14, www.comune.toscolanomaderno.bs.it

Sant'Andrea Apostolo ➡ L3

Piazza San Marco
Maderno
Eine der schönsten romanischen Kirchen Norditaliens, beachtlich ist vor allem das Portal mit Blattranken und menschlichen Köpfen.

S. S. Pietro e Paolo ➡ L4

Piazza dei Caduti s/n
Toscolano

Maderno mit Pfarrkirche Sant'Andrea und Monte Castello

Oberhalb von Toscolano-Maderno: Palmen und am östlichen Ufer die schneebedeckte Kuppe des Monte Baldo

In der prunkvollen Renaissancekirche bestechen Werke Andrea Celestis mit ihrer Farbkomposition.

Villa romana dei Nonii Arrii ➡ L4
Piazzale S. Maria del Benaco, unterhalb S.S. Pietro e Paolo Toscolano
✆ 03 65 54 60 11
Eintritt frei
Bemerkenswerte Ausgrabungen einer Römervilla (2. Jh. n. Chr.) unmittelbar am See: Grundmauern von Wohnräumen und einer Thermalzone, Spuren von Wandfresken und wunderschöne Mosaikbilder.

Belvedere ➡ L3
Via Maclino 6, Monte Maderno
2 km oberhalb der Stadt
✆ 03 65 64 12 10
www.belvederevillahotel.it
Familiär geführtes Restaurant, Speisen ohne Zusatzstoffe, vorwiegend lokale Küche, hausgemachte Pasta, Fisch- und Fleischgerichte. €€

Sant' Ercolano ➡ L3
Via Statale 5, neben Supermarkt Sigma, Maderno
✆ 03 65 64 26 74
Preiswertes Tagesmenü, Fleischgerichte vom Grill, sehr gute Pizza, bei Einheimischen beliebt. €

La Foce ➡ L4
Via Religione 44. neben gleichnamigem Campingplatz
✆ 351 500 99 17 (mobil)
Strandrestaurant mit Terrasse, gute Risotti, Fische vom See. €€

Wochenmarkt ➡ L4
Do vormittags in Toscolano hinter dem kleinen Einkaufszentrum Montagnette

Bogliaco Golf Resort ➡ L4
Via del Golf 21, Toscolano
✆ 03 65 64 30 06
www.golfbogliaco.com
18-Loch-Golfplatz, 1912 gegründet, nach Rom der zweitälteste Italiens, Blick auf das Ostufer des Gardasees. Mit hervorragendem Restaurant auch für Nichtmitglieder (✆ 03 65 64 22 22).

Im Valle delle Cartiere, dem Tal der Papiermühlen

Ausflugsziel:

Valle delle Cartiere/Museo della Carta ➡ L3
Museum: Via Valle delle Cartiere, vor der Brücke in Toscolano deutlicher Hinweis, Toscolano
✆ 03 65 64 10 50
www.valledellecartiere.it
Das **Tal der Papiermühlen** (Valle delle Cartiere) ist von Toscolano zu Fuß in etwa 45 Minuten zu erwandern. Im Mittelalter war die Gegend berühmt für das Handwerk der Papierherstellung, ein Wanderweg führt an freigelegten Mühlen-Ruinen vorbei (Infotafeln auch auf Deutsch).

Auf halbem Weg steht das beeindruckende, in einer restaurierten Papierfabrik untergebrachte **Museo della Carta**. Hier werden die Geschichte der Papiermühlen seit der Römerzeit und der Herstellungsprozess – von alten Kleidern bis zum handgeschöpften Büttenpapier – gezeigt.

Gardone Riviera ➡ M2

Als 1880 das österreichische Ehepaar Wimmer im Urlaub die herrliche Landschaft und das milde Klima entdeckte, erbauten sie kurz entschlossen das **Grand Hotel Gardone Riviera**. Der Ort wurde zum Treffpunkt von Künstlern und Prominenten, Fabrikanten und Adligen. Die prächtigen Gebäude, teuren Hotels und vornehmen Restaurants sind geblieben, auch wenn das Angebot sich heute an ein breiteres Publikum richtet.

Erster Stopp auf dem Weg in Gardones historisches Zentrum an den Hängen, **Gardone di Sopra**, ist eine grüne Oase, der **10** **Giardino Botanico**. Ihn hat der Zahnarzt des letzten Zaren, Arthur Hruska (1880–1971), im Jahr 1910 angelegt. Der Hobby-Botaniker schuf eine Miniaturwelt mit Pflanzen aus allen Erdteilen, Bambuswäldern, Wasserfällen, Brückchen, Orchideen und Felslandschaften. Heute gehört der Garten einer Stiftung des österreichischen Künstlers André Heller, der dem kleinen Paradies ein paar Kunstwerke hinzufügte, darunter (Vorsicht!) zwei spuckende Kobolde.

Etwas oberhalb des Botanischen Gartens liegt das gewaltige, von manchen als monströs, von anderen als erhaben betrachtete Denkmal, das sich der Dichter und Politiker Gabriele d'Annunzio (1863–1938) bereits zu Lebzeiten setzte: das **Vittoriale degli Italiani**. Dieses »Siegeszeichen der Italiener« war gedacht als politische Demonstration des glühenden Patrioten, der dem Faschismus nahestand, Mussolini unterstützte. Inmitten einer neun

Hektar großen Gartenanlage steht die einst von ihm bewohnte **Villa**, Ausdruck seines umstrittenen, übersteigerten ästhetischen Lebensverständnisses: meist dunkle Räume, voll mit die Grenzen von Kunst und Kitsch oft verwischenden Erinnerungsstücken. Auch die legendäre Schauspielerin Eleonora Duse, zeitweise d'Annunzios Geliebte, deren Liebe er in seinem Roman »Feuer« schmählich verriet, hat ihre Spur in einigen Exponaten hinterlassen. Später hinzugekommen sind das **Museo d'Annunzio Segreto** mit Schuhen und Kleidern des Dichters und das **Museo d'Annunzio Eroe**, das ihn als Kriegshelden verherrlicht.

Neben der Villa befindet sich der Bug des **Kriegsschiffes »Puglia«**, das d'Annunzio 1919 trotz Kriegsende mit 2500 Freischärlern bei der illegalen Besetzung von Fiume (das heutige kroatische Rijeka) befehligte. Die italienische Regierung musste ihn unter Einsatz eines Kriegsschiffes 1920 zum Rückzug zwingen.

Das Amphitheater auf dem Anwesen des Dichters wird im Sommer für Aufführungen genutzt. Den gesamten Komplex überragt d'Annunzios **Mausoleum**, ein von faschistischen Stilideen geprägtes Grabmal aus Marmor.

Tourist Info Point ➡ M2
Corso della Repubblica 8
25083 Gardone Riviera
✆ 03 65 203 47, www.gardasee.de/gardone-riviera

Museo il Divino Infante ➡ M2
Via dei Colli 34
Gardone Riviera
✆ 335 36 05 20, 339 493 27 82 (mobil), www.il-bambino-gesu.com
Über 100 Darstellungen des Jesuskindes aus Holz, Wachs etc. und eine neapolitanische Krippe.

Das Freilufttheater im Garten des Anwesens Vittoriale degli Italiani in Gardone Riviera

Vittoriale degli Italiani ➡ M2
Via Vittoriale 12
Gardone Riviera
✆ 03 65 29 65 11
www.vittoriale.it
Garten, Denkmal und Villa des Dichters Gabriele d'Annunzio. Außerdem Museo d'Annunzio Segreto, Museo d'Annunzio Eroe und Amphitheater.

⑩ **Botanischer Garten »Hruska«** ➡ M2
Via Roma 2, Gardone Riviera
✆ 03 36 41 08 77
www.hellergarden.com
Der Garten wurde von dem Zahnarzt des letzten russischen Zaren angelegt. Pflanzen aus aller Welt, kleine Brücken und Bäche. Seit 1989 gehört das Kleinod zur Andre-Heller-Stiftung.

Lido 84 ➡ M2
Corso Zanardelli 196
Gardone Riviera
✆ 03 65 200 19
www.ristorantelido84.com
Sterne-Restaurant mit kreativer Küche von höchster Qualität, modernes Ambiente, Blick auf den See, Tische auch im Außenbereich, hervorragender Service mit Erklärung der Zubereitung und der Ingredienzen; große Weinauswahl, empfehlenswertes Degustations-Menü. €€€€

Ristorante Casinò ➡ M2
Via Zanardelli 166
Gardone Riviera
✆ 03 65 203 87
www.ristorantecasino.com
Feines Restaurant mit Terrasse über dem See, Fischgerichte, hausgemachte Pasta. €€€€

Agli Angeli ➡ M2
Via Dell'Albera 7
Gardone di Sopra
Gardone Riviera
✆ 03 65 209 91
www.agliangeli.biz
Feine lokale Küche, speziell Seefischgerichte und Perlhuhn. €€€

Außerdem: Pizzeria mit Terrasse, Seeblick. €€

Torre San Marco ➡ M2
Via Zanardelli 132
Gardone Riviera
✆ 03 65 201 58
www.torresanmarco.it
Exklusive Pianobar im Stil der 1930er Jahre, Livemusik.

Wochenmarkt ➡ M2
Juni–Mitte Nov. Fr vormittags am Lungolago D'Annunzio

Eine »Florasammlung von Weltgegenden«: im Bambuswald des Giardino Botanico in Gardone Riviera

Der wärmste Ort am Gardasee: Salò

Salò ➡ M1/2

Salò liegt in einem vom 568 Meter hohen **Monte San Bartolomeo** geschützten Fjord und ist dadurch der wärmste Ort am Gardasee. Es ist aber auch eine echte Schönheit, gern für einen Einkaufsbummel besucht.

Wie in Gardone Riviera wurde hier nach dem schweren Erdbeben von 1901 eine neue Promenade auf Stelzen in den See gebaut. Vorher standen das **alte Rathaus** (14. Jh.) mit seinen hübschen Kolonnaden und der angebaute venezianische **Palazzo della Magnifica Patria** (1524) mit dem zierlichen Laubengang direkt an der Bucht **Conca d'Oro** (Goldmuschel). Am langen **Lungolago Zanardelli**, der heutigen Seepromenade, liegen Restaurants, Cafés und Boutiquen hintereinander. Parallel dazu verlaufen die Gassen der Altstadt, die Einkaufsmeile mit Via San Carlo, Via Butturini und Via Zanelli, an beiden Enden begrenzt durch die Stadttore.

Man kann sich in dieser Atmosphäre bummelnd verlieren, sollte dabei jedoch nicht den spätgotischen **Dom Santa Maria Annunziata** am östlichen Ende des Boulevards außer Acht lassen. Im größten und zugleich schönsten Gotteshaus am Gardasee (Beginn 15. Jh.) interessiert Kunstkenner besonders ein Meisterwerk des aus Brescia stammenden Girolamo da Romano, genannt Romanino (1486–1560): »Sant' Antonio von Padua« zwischen der zweiten und dritten Kapelle links. Aufmerksame Betrachter werden bemerken, dass der Künstler seinen Auftraggeber wenig schätzte: Zu Füßen des Heiligen kniet der Stifter feist und dick, selbst die Engel wenden sich angewidert von ihm ab. Ein weiterer künstlerischer Höhepunkt ist vom Eingang her in der ersten Kapelle rechts die lebensgroße, farbig gefasste Grablegung, eine Holzgruppe mit sieben Figuren (16. Jh., Südtiroler Werkstatt).

Im 20. Jahrhundert machte Salò als Schauplatz einer Politgroteske von sich reden: Der gestürzte und verhaftete, von den Nationalsozialisten jedoch befreite Duce Mussolini leitete von hier die »Republik von Salò« (vgl. auch Gargnano), bis der Zusammenbruch der deutschen Front im Norden Italiens dem Spuk ein Ende bereitete.

ℹ Tourist Info Point ➡ M1/2
Piazza Sant' Antonio 4, 25087 Saló
✆ 03 65 214 23
www.provincia.brescia.it

9 Gargnano, ehemaliges Zentrum des Zitronenhandels

1840 wurde in Gargnano die Società Lago di Garda gegründet – mit der Aufgabe, die in den Limonaie gezüchteten Zitronen zu vertreiben. So wurden die Früchte nach ganz Europa und bis Russland exportiert. Die Gewächshäuser bestimmten viele Jahrzehnte die Wirtschaft und bis heute das Aussehen der Stadt. Überall sind die gemauerten Pfeiler zu sehen, Einrichtungen für das Einhängen von Fenstern im Winter. Erst die Konkurrenz der Produkte aus dem Süden (Sizilien) und die Entdeckung der chemischen Synthese der Zitronensäure (zur Konservierung, Entkalkung, Säuerung von Getränken, Arznei) führten dazu, dass der Absatz von in Gewächshäusern gezüchteten Zitrusfrüchten ein Ende nahm.

Bis heute funktionierende, dem Publikum zugängliche Limonaien gibt es nur noch wenige:

Limonaia del Castèl in Limone
Via Orti 9, Limone, vgl. S. 53

Limonaia Pra de la Fam ➡ H6
Gardesana Occidentale km 91, Tignale
✆ 03 65 733 54
www.alpradelafam.com
Führung und Degustation

Limonaia Malora ➡ K/5
Via della Libertà 2, Gargnano, vgl. S. 59

MuSa – Museo di Salò ➡ M1/2
Via Brunati 9, Salò
✆ 03 65 205 53
www.museodisalo.it
Das in den Gebäuden des früheren Klosters Santa Giustina untergebrachte Museum widmet sich der Geschichte der Stadt von den Zeiten unter Venedigs Herrschaft bis zu Mussolinis Republik von Salò. Kunstwerke und alte Maschinen dokumentieren die Entwicklung vergangener Jahrhunderte. Ein Schwerpunkt ist die Kunst des 19. und 20. Jahrhunderts. Technisch Interessierte begeistern sich für das noch funktionierende meteorologische Observatorium von 1889. Auch die Schätze des früheren Archäologischen Museums, v. a. Fundstücke aus römischer Zeit, wurden im MuSa untergebracht. Insgesamt: etwas teuer, aber sehenswert.

Portal des Doms Santa Maria Annunziata (Salò)

Dom Santa Maria Annunziata ➡ M1/2
Vicolo Campanile 2
Salò
✆ 03 65 52 17 00
www.parrocchiadisalo.it
Im größten Gotteshaus am Gardasee lockt ein Meisterwerk des Brescianer Künstlers Romanino mit witzigem Detail: Aus

der Verachtung für seine reichen Auftraggeber macht der Künstler keinen Hehl.

Rose Salò ➡ M1/2
Via Gasparo da Salò 33
Salò
✆ 03 65 432 20
www.rosesalo.it
Modernes Gewölbelokal mit Enoteca im Keller, Spezialitäten: Fisch aus dem See, Fleisch der Region Brescia. €€€–€€€€

La Campagnola ➡ M1/2
Via Brunati 11, Salò
✆ 03 65 221 53
www.lacampagnola1952.it
Traditionelle Küche, hausgemachte Pasta, Wild- und Pilzgerichte, freundlicher Service. €€€

Locanda del Benaco ➡ M1/2
Lungolago Zanardelli 44
Salò
✆ 03 65 203 08
www.benacohotel.com
Verfeinerte Gardasee-Küche in dem kleinen Hotel am Ufer. €€€

Antica Drogheria Girardi
➡ M1/2
Piazza Zanelli Angelo 11, Salò
✆ 03 65 187 03 06
Einrichtung einer Drogerie von 1870, heute Delikatessenladen mit Wein, Olivenöl, Gewürzen, Pasta, Balsamico, Salami, Käse etc.

Maroni ➡ M1/2
Piazza Zanardelli 10, Salò
✆ 03 65 206 08
www.maronisalo.it
Designer-Boutique für Damen und Herren.

Naturall Garda Bistrot
➡ M1/2
Lungolago Zanardelli 10, Salo
✆ 03 65 215 85
Vom Frühstück bis zum Abendessen geschmackvoll belegte Sandwiches und Focaccia, leckere Gerichte, alles in Bio-Qualität. Freundlicher, hilfsbereiter Service. €€–€€€

Wochenmarkt ➡ M1/2
Jeden Sa vormittags. ■

In einer Altstadtgasse in Salò

Der Gardasee in Zahlen und Fakten

Lage: Drei Regionen Italiens grenzen an den See: Riva, Arco und Torbole gehören zur Region Südtirol-Trentino (Provinz Trentino), das Ostufer südlich von Torbole bis Peschiera zur Region Veneto (Provinz Verona) und das Westufer einschließlich Sirmione im Süden zur Region Lombardei (Provinz Brescia). Der Gardasee liegt 65 m über dem Meeresspiegel.
Größe: Italiens größter See hat eine Fläche von 368 km^2, ist 51 km lang, an der breitesten Stelle 17 km und an der schmalsten 4 km breit, durchschnittlich 136 m und bis zu 346 m tief.
Höchster Berg an den Ufern: Monte Baldo (2218 m)
Größte Städte am See: Desenzano im Süden mit ca. 30 000 Einwohnern und Riva del Garda im Norden mit ca. 18 000 Einwohnern sowie Arco mit ca. 18 000 Einwohnern
Größere Städte in der näheren Umgebung: Verona mit ca. 260 000 Einwohnern und Brescia mit ca. 200 000 Einwohnern

Die westliche Gardasee-Straße – Gardesana Occidentale

Anreise, Einreise

Auch Italien hat das Schengener Abkommen unterzeichnet; man braucht sich daher bei der Einreise aus einem anderen europäischen Staat nicht auszuweisen. Trotzdem ist es unabdingbar, einen gültigen Personalausweis oder Reisepass mit sich zu führen, und dies gilt ebenfalls für Kinder.

Mit dem Auto
Die schnellste Verbindung zum Gardasee führt über die **Brenner-Autobahn** A22, für deren Benutzung sowohl in Österreich als auch in Italien **Mautgebühren** erhoben werden. Für die Strecke Brenner-Autobahn-Ausfahrt Affi ca. € 16. Hinzu kommt die Autobahnvignette für Österreich, die für eine Gültigkeitsdauer von 10 Tagen (€ 9,60), 2 Monaten (€ 28,20) und 1 Jahr (€ 93,80) erhältlich ist, sowie Gebühren für die Europa-Brücke, einfach € 10,50.

Achtung: Bei winterlichen Straßenverhältnissen gilt in Österreich Winterreifenpflicht!

Die Fahrt an den Gardasee geht von Innsbruck zum Brenner, dann Richtung Bozen und Trient bis zur Abfahrt Rovereto Sud, von wo man den nördlichen Teil des Sees erreicht. Weiter südlich gelangt man auf der *Autostrada* bis zur Ausfahrt Affi, dann über eine Schnellstraße bis nach Peschiera. Zwischen März und Ende Oktober ist die Gardesana Orientale (Ostufer) für Lkw gesperrt, um so das Verkehrsaufkommen zu reduzieren.

Das westliche Ufer erreicht man, indem man zunächst auf der Autobahn A22 bleibt, dann am Kreuz von Verona auf die A4 Richtung Mailand wechselt und bis zur Abfahrt Desenzano weiterfährt. Wer die westliche Route über die Schweiz (durch den St. Gotthard Tunnel) vorbei an Milano und auf der A4 bis Desenzano wählt, muss CHF 40 für die Schweizer Autobahnvignette (gültig für 1 Jahr) bezahlen.

Die bequemste und zeitsparendste Methode der **Bezahlung von Autobahngebühren** ist die »Viacard«. Sie kann bereits in Deutschland beim ADAC, aber auch an den Autobahnzahlstellen, den »Punto Blu«-Informationszentren an den Autobahnen, in den Autogrill und den Tabacchi in Italien erworben werden, mit Anfangsguthaben von € 25/50/75. Autobahngebühren lassen sich auf vielen Strecken auch per Kreditkarte bezahlen. Zum Abrechnen Mautkarte in die dafür vorgesehene Vorrichtung stecken, nach Erscheinen des Betrages auf dem Display Viacard oder Kreditkarte einführen, nach Abbuchung entnehmen. Achten Sie darauf, dass Ihre Viacard über ausreichend Kredit verfügt. Wichtig: Im Bereich der Mautstelle weder wenden noch zurücksetzen! Sonst drohen hohe Geldbußen oder Fahrverbote. Achten Sie sorgfältig auf die Beschilderung der Spuren. Wenn Sie bar zahlen wollen, auf keinen Fall bei »Carta Si« einreihen und die mit »Telepass« gekennzeichneten Durchfahrten (nur für registrierte Benutzer) meiden. Freie Durchfahrt an den Mautstellen hat, wer den Telepass besitzt. Informationen zum Telepass unter www.maut1.de.

Für die Einreise nach Italien benötigen Sie Ihren **Führerschein** und den **Fahrzeugschein** sowie eine **grüne Versicherungskarte**, die bei Unfällen und manchmal auch bei Verkehrskontrollen vorgelegt werden muss. Auskünfte über die **Verkehrsverhältnisse** erhält man im Internet: www.touristinfo.it und www.autostrade.it.

Mit der Bahn und dem Bus
Von München aus verkehren täglich mehrere Eurocity-Züge, die in knapp fünf Stunden Rovereto er-

reichen. Darüber hinaus gibt es von mehreren Bahnhöfen in Deutschland und Österreich Verbindungen nach Italien über den Brenner.

Mit dem Autozug ist Verona nicht mehr zu erreichen. Preiswerte Fahrten mit dem Nachtzug z. B. nach Venedig gibt es bei ÖBB-Nightjet, Infos über www.nightjet.com.

Informationen zum inneritalienischen Eisenbahnverkehr erhält man unter ✆ 04 71 89 20 21, Auskünfte zu den Fahrzeiten gibt es im Internet unter www.trenitalia.com oder www.bahn.de.

Von den Bahnhöfen Rovereto und Verona aus besteht ein regelmäßiger **Bustransfer** zu den Orten am Gardasee. Infos unter: www.gardasee.de/busfahrplaene.

Von München fährt **Flixbus** zu mehreren Orten rund um den Gardasee, Auskünfte unter www.flixbus.de.

Mit dem Flugzeug
Von Deutschland aus verkehren Linienflüge der Lufthansa mit Maschinen der Air Dolomiti zu den Flughäfen Verona und Bergamo, Ryanair fliegt nach Bergamo.

✈ **Flughafen Verona**
Aeroporto Valerio Catullo ➡ R11
37060 Caselle di Sommacampagna
Flughafen-Auskunft:
✆ 045 80 95 63 66 66
www.aeroportoverona.it
Ab 6.30 Uhr verkehrt im 20-Minutentakt ein Shuttle-Bus zum Hauptbahnhof Verona Porta Nuova, zwischen 20.30 und 23.10 Uhr im 40-Minutentakt, Auskunft: ✆ 458 05 79 11. Von dort geht es mit der Bahn nach Peschiera del Garda und Desenzano.

✈ **Flughafen Bergamo – Orio al Serio** ➡ östl. K1
Via Orio al Serio 49/51
24050 Grassobbio
Call Center ✆ 035 32 63 23
www.milanbergamoairport.it

Vom Flughafen Bergamo fährt ein Bus nach Brescia, von dort kann man mit der Bahn nach Desenzano oder Peschiera del Garda fahren.

Wer ab dem Airport beweglich sein will, wird sich ein Auto mieten. Wer lieber per **Shuttle** den See erreichen will, egal ob von Bergamo oder Verona aus, hat die Wahl zwischen Bus, Minibus und Pkw-Shuttle mit Privatfahrer. Vorausbuchung über advanced.shuttledirect.com. Eine andere Möglichkeit: Auch manche Hotels bieten einen Shuttle-Service zwischen Unterkunft und Flughafen an.

Auskunft

Staatliches Italienisches Fremdenverkehrsamt (E. N. I. T.):

ℹ **In Deutschland**
– Barckhausstr. 10
60325 Frankfurt/Main
✆ (069) 23 74 34
frankfurt@enit.it
www.enit.de
– c/o Botschaft der Italienischen Republik
Hiroshimastr. 1, 10785 Berlin
✆ (030) 25 44 00
www.ambberlino.esteri.it

ℹ **In Österreich**
Mariahilfer Str. 1B/Top XVI
1060 Wien
✆ (01) 505 16 39
vienna@enit.it
www.enit.at

ℹ **Garda Promotion Card**
Sowohl Tourist Informationen, Hotels als auch Campingplätze offerieren ihren Gästen diese Karte, die bei Vorlage in vielen Museen, Vergnügungsparks, Seilbahnen, Schiffen, Restaurants und Geschäften zu Rabatten von 10 bis 15 Prozent führt.

Hier trinkt man seinen Prosecco, bevor die Opernaufführung in der Arena beginnt: die großzügige Piazza Brà in Verona

Automiete, Autofahren

Am Gardasee haben alle großen internationalen **Leihwagenfirmen** ihre Büros, außerdem etliche kleine lokale Agenturen. Preisvergleiche sind unbedingt notwendig. Es kann günstiger sein, das Fahrzeug bereits in Deutschland per Kreditkarte zu reservieren.

Der Gardasee ist ein beliebtes Urlaubsziel, was vor allem in der Hauptsaison zu einem heillosen Verkehrschaos führt. Eine nicht endende Blechlawine schiebt sich dann entlang der herrlichen Uferstraßen, der mit Tunnels gespickten *Gardesana Occidentale* und der *Gardesana Orientale*. Ganz wichtig ist es, hier nur an den markierten Parkplätzen zu halten, auch wenn sich während der Fahrt manches Fotomotiv bietet.

Autofahrer, die eine Tour in die Berge unternehmen möchten, seien vor den **engen Gebirgsstrecken** gewarnt. Trifft man hier auf Gegenverkehr, wird das Rangieren über dem Abgrund häufig zur Nervenprobe. Bei besonders engen und unübersichtlichen Kurven empfiehlt es sich, vorher zu hupen.

Die **Höchstgeschwindigkeit** in Städten und Dörfern beträgt 50 km/h, außerhalb geschlossener Ortschaften 90 km/h, auf Schnellstraßen mit zwei Fahrstreifen in jeder Richtung 110 km/h und auf den Autobahnen *(autostrada)* 130 km/h. Bei Schnee oder Regen gilt auf Autobahnen ein Tempolimit von 110 km/h, auf Schnellstraßen von 90 km/h. Die Strecke Brenner-Bozen darf grundsätzlich nur mit 110 km/h befahren werden.

Auch wenn italienische Autofahrer sich fast nie an solche Geschwindigkeitsbeschränkungen halten: Bei Überschreiten drohen hohe Geldstrafen. Ausländer werden sofort zur Kasse gebeten und müssen, falls sie nicht genügend Bargeld dabeihaben, sogar mit der Beschlagnahmung des Fahrzeugs rechnen.

Achtung: Sofern nicht durch Schilder ausdrücklich anders geregelt, hat im **Kreisverkehr** immer

Am Hafen in Torbole

das in den Kreis einfahrende Fahrzeug Vorfahrt (rechts vor links) – was von einheimischen Fahrern selten beachtet wird.

Parken an Haltestellen für Busse und Taxis – gelbe Markierung – sowie an schwarz-gelb gestreiften Bordsteinen ist verboten. Ist der Straßenrand weiß markiert, benötigt man eine Parkscheibe auf dem Armaturenbrett. Bei blauer Markierung muss ein Parkschein gelöst werden – an einem Automaten oder in nahe gelegenen Bars, Tabaccherien oder Kiosken. In den Städten werden falsch parkende Autos gnadenlos mit Parkkralle und Abschleppdienst »geräumt«. Die zu entrichtenden Strafen sind erheblich.

Hat man auf der Autobahn eine Panne, ist privates Abschleppen untersagt, man muss über die Notrufsäule die Polizei informieren. Autofahrer, die bei Unfällen oder Pannen den Wagen verlassen, müssen **Warnwesten** anlegen. Weste und Einhaltung der Anschnallpflicht werden auch bei Verkehrskontrollen überprüft.

Wichtig: Auch am Tag muss auf Autobahnen und Überlandstraßen **generell mit Abblendlicht** gefahren werden. Zweiradfahrer müssen im Gegensatz zu Autofahrern auch in geschlossenen Ortschaften das Licht eingeschaltet haben.

Die **Promillegrenze** liegt bei 0,5. Am Steuer **telefonieren** darf nur, wer über eine Freisprechanlage verfügt.

Gespannfahrer sollten am Brenner die **Überholverbote**, die streckenweise rund um die Uhr gültig sind, unbedingt beachten.

Tankstellen sind oft über Mittag und nachts geschlossen, verfügen aber meist über Tankautomaten, an denen mit Euroscheinen bzw. EC-Karten bezahlt werden kann.

Diplomatische Vertretungen

i Generalkonsulat der Bundesrepublik Deutschland
Via Solferino 40
20121 Mailand
✆ 02 623 11 01
✆ +39 34 57 90 41 70 (Notfälle)
www.mailand.diplo.de

i Konsulat von Österreich
Piazza del Liberty 8/4
20121 Mailand
✆ 02 77 80 78-0
www.bmeia.gv.at

Konsulat der Schweiz
Via Palestro 2, 20121 Mailand
✆ 02 777 91 61
www.eda.admin.ch/milano

Einkaufen

Es gibt keinen Wochentag, an dem nicht an verschiedenen Orten rund um den See **Wochenmärkte** stattfinden. Zum Angebot zählen Kleider, Lederwaren und Lebensmittel. Die Märkte finden in der Regel zwischen 7 und 14 Uhr auf dem zentralen Platz in der Altstadt (Centro Storico) statt. Abweichungen sind unter den jeweiligen Orten angegeben. Beliebte **Souvenirs** sind auch die köstlichen Produkte der Region: hervorragende Weine und Grappa, reinste Olivenöle, Honig und Schafskäse. In zahlreichen Orten locken **Boutiquen**, doch dieser Schick hat seinen Preis.

Viele **Weingüter** rund um den Gardasee bieten die Möglichkeit, ihre Produkte direkt vor Ort zu verkosten und einzukaufen, auch erstklassiges Olivenöl (Extra Vergine) lässt sich direkt beim Erzeuger probieren und kaufen (vgl. Arco, Bardolino, Lazise, Peschiera, Valtènesi).

Essen und Trinken

Urlauber, die in vorwiegend von italienischen Gästen besuchten Hotels wohnen, müssen sich schon beim Frühstück (*prima colazione*) umstellen. Die Auswahl an Wurst und Käse etc. ist klein, dafür das Angebot an Kuchen und süßen Stückchen sehr groß, z. B. leckerer Sbriciolata oder **Sbrisolona** (Streuselkuchen) oder **Crostata** *alla marmellata di albicocche* (Blechkuchen mit Aprikosenmarmelade oder anderem Belag). Auch der **Cappuccino** oder **Caffè latte** wird selten noch serviert, Automaten haben sich durchgesetzt. Wer unterwegs frühstückt, bestellt sich einen **Cappuccino** oder **Caffè** (Espresso) mit einem **Cornetto** (Brioche, Croissant), gefüllt oder pur.

Wer Halbpension gebucht hat oder in der Ferienwohnung selbst kocht, freut sich auf das Abendessen, will statt dem **Pranzo** (Mittagessen) nur den kleinen Hunger stillen, zum Beispiel mit einer **Pasta**. Darauf haben sich schon viele Restaurants eingestellt oder man findet eine spezielle **Spaghetteria. Panetterie** (Bäckereien) und Snackbars bieten auf dampfenden Blechen **Pizza al taglio** an,

Repliken aus Gips warten stoisch auf Käufer

in Recht- oder Dreiecke geschnitten. Oder man begnügt sich mit einem gut belegten **Panino ripieno** (belegtes Brötchen) bzw. **Tostato,** den blassen, mit Käse, Schinken oder Wurst gefüllten, im Pressgrill heiß gemachten Toastscheiben. Verlockend sind auch die Düfte aus einer **Rosticceria**, wo es preiswert heiße Fleisch- und Wurstgerichte gibt.

Bei der **Cena** (Abendessen) gibt es dann die klassische italienische Speisenfolge: **Antipasto** (Vorspeise), vorwiegend eingelegtes Gemüse und Aufschnitt, **Primo Piatto** (erster Gang), meistens **Pasta** oder **Risotto** (oder Suppe) und schließlich **Secondo Piatto** (Hauptgang). Typisch Gardasee sind beim ersten Gang mit Kürbis gefüllte **Tortellini di Valéggio**, mit Fleischmasse heißen sie **Nodi d'Amore** (Liebesknoten), begehrt auch **Taglioni al Salmone**, das sind Eiernudeln mit Lachssoße. Risottofreunde haben die Qual der Wahl zwischen **Risotto al radicchio rosso**, Reis mit bitterem Radicchio-Salat, und dem etwas weniger bitteren mit Löwenzahn, der **Risotto alla cicoria di campo**.

Eine der typischen Speisen der Gardasee-Küche: Polenta

Der Hauptgang besteht meistens aus Fisch, Fleisch oder Geflügel. Statt der **Cotoletta alla Milanese** (Wiener Schnitzel) oder dem **Wurstel con Krauti** (Würstchen mit Sauerkraut) sollte man die Küche des Gardasees probieren. Angeboten werden häufig **Coniglio** (Kaninchen), **Agnello** (Lamm), **Capretto** (Zicklein), **Anatra** (Ente, gegrillt) und **Faraona ripiena** (gefülltes, mit Speckstreifen umwickeltes Perlhuhn). Tipp für Selbstversorger: Die Faraona gibt es in guten Metzgereien fix und fertig vorbereitet.

Die Fische vom Gardasee kommen meistens auf den Grill: Die **Trota** (Forelle) in erster Linie, die **Carpa** (Karpfen) und die **Tinca** (Schleie). Beliebt ist auch **Lavarello al cartoccio** (Felchen in Alufolie), am Ostufer, der Oliven-Riviera **Fisch-Risotto**, Reis mit Schleie (im Westen), gebratenen Sardinen und getrocknetem Weißfisch. Die **Contorni** (Beilagen) müssen in den Restaurants meistens extra bestellt werden: Artischocken, Auberginen, Zucchini, Paprika, Tomaten, Fenchel, Bohnen, Mangold oder Spinat, aber auch Kartoffeln.

Wenn dann beim Besuch der Städte oder Dörfer Bratendüfte in die Nase steigen, kann es sich um **Stinco di maiale** (Schweinshaxe), **Stinco di Vitello** (Kalbshaxe), vielleicht sogar um **Lepre in salmi** (marinierter Hase) handeln. Gereicht wird zu diesen Gerichten vorwiegend **Polenta**, der gelbe Maisbrei. Duftet es am brescianischen Ufer nach Fleisch über Holzkohlenglut, sonntagmittags auf jeden Fall, handelt es sich um den **Spiedo con Polenta**. Das sind monströse Spieße, mit verschiedenen Fleischsorten beladen, dazwischen immer Kartoffeln und Salbei, in echt einheimischer Umgebung auch mit Vögelchen.

An **Bevande** (Getränken) gibt es in Italien alles, was auch deut-

Das reichhaltige Angebot an regionalen Produkten ist die Voraussetzung für die hohe Qualität der Küche

sche Wirte bieten, Mineralwasser, Limonade, Bier und natürlich Wein. Berühmte Weinanbaugebiete versammeln sich rund um den Gardasee: im Südosten Bardolino und das angrenzende Valpolicella, im Süden Custoza, Lugana und die Colline Moreniche (Moränenhügel), im Südwesten die Valtènesi, speziell mit dem roten Gropello und dem Rosé Chiaretto. Im Norden lagern in den Kellereien die weißen Nosiola und der rosa Schiava sowie die roten Cabernet, Merlot und Marzemino. Zum Abschluss eines guten Essens gibt es dann noch einen **Grappa**, ein heller Branntwein aus Trester gebrannt, oder **Uva**, aus der reinen Frucht destilliert.

Etwas ungewohnt für deutsche Gäste ist, dass in italienischen Restaurants meistens **Coperto**, das Gedeck berechnet wird. In gehobenen Lokalen kann das schon einmal 3 bis 4 Euro ausmachen. Wer nur eine Pizza bestellt und auf die Reisekasse achten muss, sollte sich also vorher erkundigen, ob auch dafür das Coperto fällig wird.

Empfehlungen geprüfter Restaurants finden Sie unter den Vista Points. Die dort aufgeführten Preisklassen beziehen sich auf den durchschnittlichen Preis für ein Hauptgericht sowie Gedeck (Coperto).

€ – bis 15 Euro
€€ – 15 bis 25 Euro
€€€ – 25 bis 35 Euro
€€€€ – über 35 Euro

Feiertage, Feste

Gesetzliche Feiertage in Italien sind

1. Januar: **Neujahr**
6. Januar: **Dreikönigsfest** (Epifania)
Ostermontag

Das Castello Scaligero in Sirmione zur Weihnachtszeit

25. April: **Tag der Befreiung/Nationalfeiertag**
1. Mai: **Tag der Arbeit**
2. Juni: **Proklamation der Republik/Nationalfeiertag**
15. August: **Mariä Himmelfahrt/Ferragosto**, Ferienbeginn in ganz Italien
1. November: **Allerheiligen**
8. Dezember: **Mariä Empfängnis**
25. Dezember: **Weihnachten**
26. Dezember: **Hl. Stephan**

Außerdem wird in fast jedem Ort ein lokaler Schutzheiliger mit einem aufwendigen Fest und mit Prozessionen geehrt. Wer das feierliche und manchmal bunte Treiben nicht verpassen möchte, sollte sich bei der Tourist Information den Festkalender besorgen.

Geld, Kreditkarten

Italien gehört zur Euro-Zone, damit entfällt das Problem des Geldwechsels. Hotels, Restaurants sowie die meisten Tankstellen und Geschäfte nehmen die üblichen Kreditkarten an. Mit der EC-/Maestro-Karte kann man an den meisten Automaten Geld abheben, allerdings normalerweise nur bis zu € 250 auf einmal. Ausführliche Informationen über www.bargeldabheben.de. Zu den Öffnungszeiten von Banken vgl. den Abschnitt Öffnungszeiten.

Hinweise für Menschen mit Handicap

Zwar sind die engen, oft steilen Gassen der Städtchen rund um den Gardasee mit ihrem holprigen Kopfsteinpflaster für Menschen mit Behinderungen nicht immer einfach zu passieren, doch die Region bemüht sich um behindertengerechte Einrichtungen. Alle neuen Hotelanlagen müssen nach dem Willen des Gesetzgebers über mindestens ein behindertengerecht eingerichtetes Zimmer verfügen.

Vom Campingplatz über Bungalows bis zu Hotels jedweder Kategorie lassen sich Angebote finden. Eine beeindruckende Übersicht bietet www.behinder tengerechte-reisen.com. Auch wurden öffentliche Einrichtungen wie Museen mittlerweile mit Rampen und Fahrstühlen ausgestattet und Fußgängerzonen werden oft mit abgesenkten Bordsteinen angelegt.

Internet

Inzwischen haben alle Hotels WLAN-Anschluss, an der Rezeption den Zugangscode geben lassen.

Neben den unter Auskunft aufgeführten Websites bieten nützliche Informationen:

www.gardasee.de
www.visitgarda.com
www.enit-italia.de
www.rivieradeilimoni.it
www.visittrentino.it/de
www.tourism.verona.it
www.veneto.eu
www.lago-di-garda.org
www.garda-see.com/de
www.turismobrescia.it
www.collinemoreniche.it
www.valpollicellaweb.it

Klima, Kleidung, Reisezeit

Durch sein mildes Klima ist der Gardasee nicht nur im Sommer ein attraktives Urlaubsziel. Die hohen Berge halten kalte Winde ab, und so fällt das Thermometer auch im Winter kaum unter null Grad Celsius. Schneeflocken sieht man selten; ab Ende April/Mai scheint die Sonne schon so warm, dass die Quecksilbersäule auf 20 Grad klettert und sich die Vegetation in ihrer ganzen Pracht entfaltet.

Sogar im Hochsommer herrscht selten drückende Hitze, bei Temperaturen von durchschnittlich 27 Grad sorgen die Seewinde – die so klangvolle Namen tragen wie *Tramontana* oder *Sover*, *Ora* und *Montis* – stets für angenehme Erfrischung. Wer wandert, sollte auch im Sommer im Gardasee-Gebiet Regenschutz im Rucksack haben und für abends einen Pullover oder eine Jacke.

Schönste **Reisezeit**, um den Lago di Garda in aller Ruhe zu erleben, sind die Herbstmonate. Die Urlauberscharen sind wieder abgezogen, und man kann die klare Luft und das herrliche Licht in Ruhe genießen.

Die **Badesaison** am See beginnt erst im Juni mit einer Wassertemperatur von 20 Grad, so lange braucht das Wasser, bis es sich nach den sonnenarmen Wintermonaten wieder erwärmt hat. Im Juni herrscht eine Durchschnittstemperatur von 19 Grad, besonders angenehm wird es dann im August, wenn das Thermometer bis auf 23 Grad steigt. Bei den angegebenen Temperaturen handelt es sich um Durchschnittswerte. Der südliche Teil des Sees ist häufig wesentlich wärmer als der kühlere Norden.

Medizinische Versorgung

Die medizinische Versorgung gilt als sehr gut. Sollten gesundheitliche Probleme auftreten, können Sie sich ohne Bedenken von

Die Uferstreifen sind oft recht schmal, da werden auch die Stege genutzt

Liebesschwüre aus aller Welt: Casa di Giulietta in Verona

einem Arzt oder im Krankenhaus behandeln lassen. Entsprechende Kontakte vermitteln die Hotelrezeptionen. Gesetzlich Versicherte sollten die **EHIC-Karte** (European Health Insurance Card) dabeihaben. Sie berechtigt allerdings nur bei Vorlage bei Vertragsärzten und im Krankenhaus zu einer kostenlosen Behandlung. Für privat Versicherte: Zur Erstattung der in bar bezahlten Arztkosten durch die Versicherung benötigt man eine vom Arzt quittierte Rechnung.

In jedem Fall ist der Abschluss einer **Reisekrankenversicherung** zu empfehlen, um zum Arzt der Wahl gehen zu können.

In fast jedem Ort am Gardasee gibt es Ärzte, die aufgrund ihrer Fremdsprachenkenntnisse speziell für die Behandlung von Touristen empfohlen werden. Folgende Dialysezentren stehen zur Verfügung: Arco ✆ 04 64 58 22 88, Desenzano ✆ 030 914 52 49, Rovereto ✆ 0464 40 32 87.

Apotheken *(farmacie)* findet man in jedem Ort, geöffnet sind sie Mo–Sa 9–12 und 16–19 Uhr; über Not- und Nachtdienste informiert die Lokalzeitung. Das Angebot an Medikamenten ist dem unsrigen vergleichbar. Falls Sie regelmäßig ein ganz spezielles Medikament einnehmen, sollten Sie sich zu Hause mit einer ausreichenden Menge versorgen.

Mit Kindern am Gardasee

Für die zahlreichen Familien mit Kindern, die am Gardasee Urlaub machen, sind die Vergnügungs- und Abenteuerparks, die in der Nähe des Sees gebaut wurden, sicherlich eine Freude – was trotz der hohen Kosten auch für viele Erwachsene gelten mag. Zu nennen sind hier z. B. der **Gardaland Park** in der Nähe von Peschiera, gleich gegenüber kann mit einem Kombiticket das **Gardaland Sealife Aquarium** besucht werden, und das **CanevaWorld Movieland** in Lazise. In letzterem kann auch geplantscht werden, ebenso im **Parco Aquatico Cavour** nahe Valeggio sul Mincio. Kletterspaß verspricht das **Parc Jungle Adventure** in der Nähe von Garda, im **Parco Natura Viva** bei Bardolino kann man mit dem eigenen Pkw auf Safari gehen.

Nachtleben

Die wundervollen Sommernächte am Gardasee sind viel zu schön, um sie einfach zu verschlafen. Wie man sie genießt, ist eine Frage des Geschmacks – und des Alters. Für das ein (oder andere) Glas Wein bieten sich überall hübsche, kleine Osterien mit Blick auf den See und die am gegenüberliegenden Ufer blinkenden Lichter.

Auch ein Drink in der Bar ist allerorts möglich, die meisten haben bis 2 Uhr in der Nacht geöffnet. In den großen Diskotheken geht es zu dieser Zeit oft erst richtig los, jedenfalls keinesfalls vor Mitternacht. Einige Discos finden sich vor allem entlang der südlichen Küste – zwischen Salò und Bardolino. Im Norden, im trentinischen Teil, haben sich eher Nachtbars und gemütliche Kneipen gegenüber den Discos durchgesetzt.

Notfälle, wichtige Rufnummern

Allgemeine Notrufnummer ✆ 112 (auch vom Handy aus)
Notarzt + Rettungswagen ✆ 118
Feuerwehr ✆ 115
Verkehrspolizei ✆ 113
Pannendienst des italienischen Automobilclubs ACI ✆ 80 31 16
Zentralruf der Autoversicherer ✆ 0800 250 26 00 (aus Deutschland) oder ✆ +49 403 00 33 03 00 (aus dem Ausland)
Rettung auf See ✆ 15 30
Touristen-Hotline (zur Klärung von Fragen und zur Einleitung unbürokratischer Hilfe in Notsituationen; mehrsprachige Gesprächspartner; Ortstarif) ✆ 039 039 039

Öffnungszeiten

Banken Mo–Fr 8.30–13.30 und 14.45–15.45 Uhr
Postämter Mo–Fr 8.30–14, Sa bis 13 Uhr
Geschäfte Mo–Sa 9–12.30 und 16–19.30 Uhr, in touristischen Gebieten häufig länger und auch So.

Die Öffnungszeiten von **Kirchen**, **Museen**, **Tourist Informationen** und **Restaurants** ändern sich häufig – am besten aktuell auf der Website nachsehen.

Post, Briefmarken

Fast jede Ortschaft hat ein Postamt. Briefmarken *(francobolli)* gibt es außerdem in Kiosken und Tabakgeschäften *(tabacchi)*, letztere sind leicht am weißen T auf blauem Grund zu erkennen.

Aufführung der Verdi-Oper »Der Troubadour« in der Arena di Verona

Presse

Am Gardasee bekommt man alle großen **Tages-** und **Wochenzeitungen** aus Deutschland, Österreich und der Schweiz.

In Italien gibt es Hunderte von regionalen Rundfunk- und Fernsehstationen, außerdem sechs nationale **TV-Sender**. Radio Garda und Radio Bozen senden auch in deutscher Sprache.

Rauchen

Seit dem 10. Januar 2005 gilt in allen öffentlichen Gebäuden striktes Rauchverbot. Raucherzonen in Restaurants sind ausgeschildert. Bei Verstößen drohen hohe Geldstrafen.

Sicherheit

Überall, wo Menschengedränge herrscht, wittern Taschendiebe ihre Chance – das ist auch in den Touristenzentren am Gardasee nicht anders. Sie sollten also Geld und Wertsachen nicht unbeaufsichtigt lassen, Papiere und Schmuck im Hotelsafe deponieren (Ausweis-Kopie für unterwegs) und während der An- und Abreise auf Rastplätzen stets den Wagen mit dem Gepäck im Auge haben.

Sport und Erholung

Aktiv-Urlaub nimmt am Gardasee eine immer größere Rolle ein, Wandern, Mountainbiken, Wassersport und Klettern vor allem. Die lokalen Tourist Informationen halten viele Vorschläge für diese Sportarten bereit. Manche bieten auch geführte Touren für Wanderer und Mountainbiker an.

Bergsteigen/Freeclimbing/ Klettern

Das Top-Kletterzentrum ist Arco, wo alljährlich das Rock Junior für junge Kletterer und das Rock Master, der bekannteste Kletterwettkampf weltweit, stattfinden.

Auskünfte und Kurse bieten: **Freealp** (www.freealp.com) und **Friends of Arco** (www.outdoorsafetyfirst.it).

Waghalsige Kletterer kommen vielerorts rund um den See auf ihre Kosten

Der Traum vom Fliegen wird wahr: Paragliding über dem Gardasee

Surfen/Kiten/Segeln
Vor allem im Norden des Sees, im Dreieck Riva/Torbole-Malcesine-Limone herrschen ideale Winde für Surfer, Kiter und Segler. Motorboote dürfen in diesem Gebiet nicht fahren. Surfschulen gibt es in fast jedem Ort am See. Regeln für Surfer: Das Tragen von Rettungswesten ist vorgeschrieben, Fährschiffe haben absolute Vorfahrt. Ein paar empfehlenswerte Adressen mit langjähriger Erfahrung für Erwachsene und Kinder:

- **Stickl Sportcamp**, Malcesine, www.stickl.com ➡ G8
- **Fraglia Vela**, Desenzano, www.fragliavela.it ➡ R2
- **Vasco Renna Windsurf Center**, Torbole, www.vascorenna.com ➡ D9
- **OK-Surf**, Gargnano, www.oksurf.it ➡ K4/5
- **New School** (spez. Kiting), Brenzone, www.newschool-kitesurfing.com ➡ J/K7

Canyoning
Besonders am nördlichen Gardasee werden geführte Touren für verschiedene Levels und Altersgruppen angeboten, u. a. von Freealp (www.freealp.com).

Gleitflug/Paragliding
Von den höchsten Gipfeln rund um den See (Monte Baldo, Pizzocolo oder Tremalzo) werden Gleitflüge angeboten. Adressen für Schulen u. a. in Arco, Toscolano-Maderno und Malcesine findet man unter www.gardasee.de/paragliding.

Golf
Auch am Gardasee hat der Boom im Golfsport zur Anlage neuer Plätze geführt. Wegen des milden Klimas ist ein ganzjähriger Spielbetrieb möglich. Sieben Plätze liegen im Süden in Reichweite des Sees, Adressen unter www.golfplatz-gardasee.de. Wegen ihrer schönen Lage und perfekten Ausstattung sind zwei Plätze hervorzuheben, sie befinden sich in den Resorts in Toscolano Maderno (vgl. S. 61) sowie in Calvagese della Riviera:

Golf Palazzo Arzaga
➡ östl. O1
Via Arzaga 1
Calvagese della Riviera (BS)
✆ 030 68 06 00
www.palazzoarzaga.com
Oberitaliens großzügigstes Golfresort, mit 18- und 9-Loch-Platz, inmitten einer weiten Endmoränen-

Landschaft mit kleinen Seen, Wäldchen und Hügeln. Club Restaurant mit Buffet auch für Tagesgäste.

Motorboot ohne Lizenz
Mit Tempo über den See ohne Führerschein ist ab fast allen Häfen möglich. Beispiel: Lanfredi Boat Service (Porto di Gargnano, ✆ 348 059 90 15, www.gargnanoboatrental.it), Infostand in der Saison am Hafen.

Ausflug mit dem Segelschiff
Romantische Ausflüge mit dem Zweimaster, nur 1 oder 2 Std. oder als Tagestour gibt es ab Malcesine (www.sioraveronica.com).

Mountainbiking/Radfahren
Vor allem der Norden der Region gilt als Paradies für Mountainbiker. Die Seilbahn zum Monte Baldo befördert auch Fahrräder, sodass den Radlern der mühsame Aufstieg zu den Bergstrecken erspart bleibt.

Verleihstationen gibt es fast überall, viele Hoteliers halten für ihre sportlichen Gäste sogar kostenlose Fahrräder bereit. Informationen gibt es u. a. beim Allgemeinen Deutschen Fahrradclub ADFC (www.adfc.de). Das Ausleihen eines Fahrrads kostet ca. € 10–20 und eines Mountainbikes ca. € 17–25 pro Tag. Tourenvorschläge für Mountainbiking erhält man unter www.mountainbike-gardasee.de.

Die Provinz Verona bietet jedes Jahr von Mitte Juni bis Mitte September einen **Bus & Bike-Service**, eine willkommene Aufstiegshilfe für MTB-Sportler, die ihre Touren auf dem Monte Baldo beginnen wollen. Informationen und Reservierungen bei der ATV (Azienda Trasporti, Verona, ✆ 045 805 79 22, www.atv.verona.it). Eine empfehlenswerte Adresse für Urlauber im Süden ist der LosLokos Bikeshop in Lazise (vgl. S. 42).

Reiten
Ausritte per Pferd erfreuen sich vor allem auf den Höhen und im Hinterland großer Beliebtheit. Adressen unter www.gardasee.de (Link: Aktiv). Empfehlenswerte Adressen:

– **Club Ippico S. Giorgio**, Arco, www.clubippicosangiorgio.it ➡ B9/10

– **Scuderia Castello**, Gaino di Toscolano-Maderno, www.scuderiacastello.it ➡ L3

Schwimmen
Allgemeine Auskünfte über die Badestrände unter www.gardasee-ratgeber.de (Sport im Lago di Garda) und www.gardasee.de (Badestrände). Über eventuelle

Wandern an den Hängen des Monte Baldo: Alles ist aufs Beste ausgeschildert

Mountainbiking mit Aussicht

Verschmutzungen berichten die örtlichen Tageszeitungen, Infos auch unter www.gardaseezeitung.it. Der einzige Badeplatz am Gardasee mit der Blauen Flagge (Garant für sauberes Wasser und Sicherheit am Strand) ist der Lido di Casino (Spiaggia Comunale) in Gardone Riviera.

Tauchen
Informationen und Adressen bieten:
www.gardasee.de (Link: Aktiv)
www.garda-see.com/themen (Link: Wassersport & Co)
www.gardasee-ratgeber.de (Link: Sport/Tauchen)

Wandern/Walking/Trekking
Wanderkarten gibt es bei den Tourist Informationen. Empfehlenswerte Wander-und Bikekarten von Kompass, alle im Maßstab 1:25 000: Alto Garda e Ledro (WK 690), Monte Baldo Nord (WK 691) und Monte Baldo Süd (WK 692).

Tipps und Tourenvorschläge sind zu finden unter:
www.gardasee.de (Link: Aktiv)
www.gardatrentino.it/de (alle Sportarten)
www.infotremosine.com
www.outdooractive.com

Ein besonderer Tipp sind die geführten Nordic-Walkingtouren vom Cult-Walking Center in Tremosine, Ortsteil Brasa (vgl. S. 56).

Wintersport
Das Monte-Baldo-Massiv bietet rund um Malcesine ca. 11 Kilometer Pisten für winterliches Skivergnügen. Auskünfte: www.gardasee.de (Link: Aktiv/Sportmöglichkeiten/Skigebiete).

Strom

Generelle Stromspannung ist 220 oder 125 Volt. Falls der Stecker von Fön oder Rasierer nicht in die Steckdose passt, erhalten Sie an der Rezeption oder in Elektrogeschäften einen Adapter *(spina di adattamento)*.

Telefonieren

Roaming-Gebühren werden innerhalb der EU seit Sommer 2017 nicht mehr fällig. Natürlich gibt es vor Ort auch Prepaid-Karten.

Fernsprecher werden immer seltener und sind meist nicht mit Münzen zu nutzen, sondern mit Telefonkarte (scheda telefonica).

Entspannend: mit der Autofähre über den Gardasee

Telefonkarten gibt es bei den *tabacchi*.

Wichtig: Die **Ortskennzahl inklusive der Null** muss innerhalb und nach Italien mitgewählt werden. Beim Telefonieren ins Ausland entfällt die Null der Ortsvorwahl nach der Landesvorwahl. Wählt man ein **Handy** in Italien an, entfällt die Null ebenfalls. Gebührenfreie Nummern heißen *Numero Verde* (167).

Vorwahl Italien ✆ +39
Vorwahl Deutschland ✆ +49
Vorwahl Schweiz ✆ +41
Vorwahl Österreich ✆ +43

Trinkgeld

Für sämtliche Dienstleistungen – im Restaurant, Hotel, beim Friseur, im Taxi, im Ausflugsbus etc. – wird bei Zufriedenheit in der Regel ein Trinkgeld von ca. 10–15 Prozent entrichtet.

Unterkunft

Ungefähr drei Millionen Urlauber (30 Mio. Übernachtungen) besuchen jährlich den Gardasee – und die wollen untergebracht sein! So sind an manchen Uferstrecken Hotels, Apartmenthäuser und Campingplätze wie Perlen auf einer Schnur aufgereiht und bieten für jeden Geschmack und Geldbeutel etwas.

Die meisten Häuser der gehobenen Mittelklasse verfügen über einen Swimmingpool, immer häufiger auch über einen Spa-Bereich. Die Preise differieren je nach Entfernung zum See. Geheimtipp sind die kleinen, romantischen Nobelherbergen, alte Villen mit dem Zauber des vorigen Jahrhunderts.

Verkehrsmittel

Busverkehr

Die gesamte Region des Gardasees bis nach Verona verfügt über ein dichtes Netz von Busverbindungen. Tagestouren in die Umgebung lassen sich mühelos mit dem Linienbus durchführen und sogar die Traumstadt Venedig wird während der Hauptsaison zwischen Juni und September vom Gardasee aus per Bus von dem örtlichen Linienbusunternehmen APTV angefahren.

In den Fremdenverkehrsbüros liegen Fahrpläne aus. Fahrkarten erhält man an Zeitungskiosken, in vielen Geschäften oder am Automaten; beim Busfahrer selbst kann man gegen Aufschlag bezahlen (nicht aber im Stadtverkehr, etwa in Verona).

Schifffahrt
Alle größeren Orte am See sind von April bis Anfang Oktober durch den Linienverkehr von Motorfähren (für Personen) und sogar Tragflügelbooten miteinander verbunden. Die **Autofähren** von Torri del Benaco an das Westufer nach Toscolano-Maderno verkehren das ganze Jahr über, die zwischen Limone und Malcesine nur von Juni bis September.

Von Juli bis September kann man mit einem der beiden Flaggschiffe der Gardasee-Flotte, den nostalgischen Dampfern »M. V. Zanardelli« und »M. V. Italia«, zu Sondertouren in See stechen. Aber auch eine »ganz normale« Fahrt über den See ist ein einmaliges Erlebnis, denn die wunderschöne Uferkulisse lässt sich vom Wasser aus am besten bewundern. Für die Fahrt über die gesamte Länge des Sees von Riva bis Desenzano benötigt das Schiff 4,5 Stunden, natürlich sind auch Teilstrecken möglich. Eine halbe Stunde benötigt die alle 40 Minuten verkehrende Fähre zwischen Maderno und Torri del Benaco zum Übersetzen. Preise finden Sie auf der Webseite der Navigarda.

Gestione Governativa Navigazione Laghi ➡ Q/R2
Piazza Matteotti, Desenzano
✆ 030 914 95 11
Informationen:
✆ 800 55 18 01
www.navigazionelaghi.it

Taxis
Die Taxis am Gardasee haben nicht immer einen Taxameter oder er ist defekt oder es wird vergessen, ihn einzuschalten. Ehe Sie in das Taxi steigen, sollten Sie auf jeden Fall das Ziel nennen und nach einem Festpreis fragen. Die Fahrt kann kostspielig werden, wenn Sie den Preis nicht vorher aushandeln.

Zeitzone

Es gilt die Mitteleuropäische Zeit (MEZ). Wie in Deutschland erfolgt auch in Italien die Umstellung zwischen Sommer- und Winterzeit.

Zoll

Als Mitglied der EU gelten zwischen Deutschland bzw. Österreich und Italien die üblichen Richtmengen für den Warenverkehr bei Ein- und Ausreise. Der persönliche Bedarf ist auf 800 Zigaretten, 10 Liter Spirituosen und 90 Liter Wein pro Person limitiert. Weitere Infos unter www.zoll.de.

Da die Schweiz nicht der EU angehört liegen die zollfreien Grenzen hier tiefer. Weitere Infos unter www.bazg.admin.ch. ■

Der Hafen von Lazise

Die wichtigsten Wörter für unterwegs

Buon giorno! Wer kennt diese Begrüßung nicht? Sie wird in Italien bis 12 Uhr mittags verwendet, danach sagt man schon *buona sera*. Beides sind sehr höfliche Ausdrücke, sie werden überall da benutzt, wo gesiezt wird. *Ciao* ist Begrüßung ebenso wie Verabschiedung, wird aber nur verwendet, wenn man sich nahe steht.

Wenn Sie ein öffentliches Lokal oder Büro verlassen, sagen Sie besser *arrivederci* oder *buon giorno* bzw. *buona sera*. *Buona notte* sagt man dann, wenn man sich verabschiedet, um ins Bett zu gehen.

Die Italiener sind in der Regel sehr hilfsbereit, freuen sich über ausländische Besucher und fragen neugierig nach deren Herkunft und dem Grund des Besuches.

Keine Panik, wenn Sie befürchten, zwar eine Frage stellen zu können, die Antwort aber nicht verstehen – Italiener haben eine sehr ausgeprägte Körpersprache. Im Übrigen wissen Sie ja: *Si* heißt ja, *no* nein. Und vergessen Sie nicht, sich zu bedanken – *grazie!*

Alltag, Umgangsformen

Buon giorno!	Guten Tag!
Buona sera!	Guten Abend!
Buona notte!	Gute Nacht!
Ciao!	Hallo!
Come stai?	Wie geht es dir?
Come sta?	Wie geht es Ihnen?
Arrivederci!	Auf Wiedersehen!
Buon viaggio!	Gute Reise!
Ciao!	Tschüss!
A presto!	Bis bald!
A domani!	Bis morgen!
Molto piacere di averti conosciuto.	Schön, dich kennengelernt zu haben.
sì/ no/ forse	ja/nein/vielleicht
Mi chiamo …	Ich heiße …
Come ti chiami?	Wie heißt du?
Come si chiama?	Wie heißen Sie?
Scusi!	Entschuldigen Sie!
Grazie mille!	Vielen Dank!
Prego!	Bitte schön!/- Keine Ursache!

Übrigens: In Italien gibt es zwei Ausdrücke für »bitte«: *per favore* und *prego*. Bitten Sie jemanden um eine Gefälligkeit, verwenden Sie *per favore*. Ansonsten heißt es *prego*.

Falls Sie nicht alles verstehen (zugegeben: die Italiener sprechen ganz schön schnell), können Sie sagen: *Non ho capito. Per favore, parli più lentamente.*

Wenn auch das nichts hilft, bleibt noch die Möglichkeit, sich das Gesagte aufschreiben zu lassen: *Me lo scriva, per favore.*

Autofahren

Sollten Sie mit dem Auto unterwegs sein, können Sie die folgenden Vokabeln sicher gut gebrauchen, an jeder Tankstelle und im alltäglichen Straßenverkehr. Und falls Sie mal eine Werkstatt nötig haben …

Was auf Straßenschildern steht

lavori in corso	Bauarbeiten
deviazione	Umleitung
pedaggio autostradale	Autobahngebühr
strada senza uscita	Sackgasse
senso unico	Einbahnstraße
il divieto di parcheggio	Parkverbot
zona disco	Parken mit Parkscheibe
attenzione uscita veicoli	Vorsicht Ausfahrt
tornante	Kurve

Rund ums Auto

La mia macchina è stata forzata.	Mein Auto ist aufgebrochen worden.
Mi hanno rubato …	Man hat mir … gestohlen.
Mi dia il Suo nome e il Suo indirizzo/ il nome	Geben Sie mir bitte Ihren Namen und Ihre An-

della Sua assicurazione, per favore.	schrift/Ihre Versicherung an.
Mi occorre una copia della denuncia per la mia assicurazione.	Ich brauche eine Kopie der Anzeige für meine Versicherung.
Non è colpa mia.	Es ist nicht meine Schuld.
Lei andava troppo forte.	Sie sind zu schnell gefahren.
la patente	Führerschein
I Suoi documenti, per favore.	Ihre Papiere, bitte.
Lei non ha rispettato la precedenza.	Sie haben die Vorfahrt nicht beachtet.
Lei non ha mantenuto la distanza di sicurezza.	Sie sind zu dicht aufgefahren.
Andavo a … chilometri all'ora.	Ich bin ... km/h gefahren.
l'autostrada	Autobahn
l'incrocio	Kreuzung
il semaforo	Ampel
il parcheggio	Parkplatz
il parchimetro	Parkuhr
il distributore automatico di biglietti per il parcheggio	Parkscheinautomat
Posso parcheggiare qui?	Kann ich hier parken?
la cintura di sicurezza	Sicherheitsgurt
il distributore	Tankstelle
la benzina	Benzin
senza piombo	bleifrei
il gasolio	Diesel
Il pieno, per favore.	Volltanken, bitte.
Per favore, controlli la pressione delle gomme.	Prüfen Sie bitte den Reifendruck.
andare	fahren
sorpassare	überholen
voltare	wenden
a destra/a sinistra/ sempre diritto	rechts/links/geradeaus
attraversare	überqueren
l'ammenda	Bußgeld
la pianta della città	Stadtplan
la sicurezza	Sicherheit
l'ingorgo	Stau

In officina	**In der Werkstatt**
Ho avuto un incidente.	Ich habe einen Unfall gehabt.
Ho un guasto.	Ich habe eine Panne.
Ho una gomma a terra.	Ich habe einen Platten.
La macchina non parte.	Mein Wagen springt nicht an.
La batteria è scarica.	Die Batterie ist leer.
I freni non sono a posto.	Die Bremsen funktionieren nicht.
l'officina	Werkstatt
l'olio del motore	Motoröl
il cambio dell'olio	Ölwechsel
il motore	Motor
il cambio	Getriebe
la candela	Zündkerze
il parafango	Kotflügel
il carburatore	Vergaser
la freccia	Blinker
la ruota	Reifen
il motorino d'avviamento	Anlasser
il tergicristallo	Scheibenwischer
il parabrezza	Windschutzscheibe
il faro	Scheinwerfer
il radiatore	Kühler

Einkaufen

Quanto costa?	Wieviel kostet das?
i soldi	Geld
la cassa	Kasse
spendere	ausgeben
pagare	bezahlen
l'offerta speciale	Sonderangebot
vendere	verkaufen
la vetrina	Schaufenster
Un po' di meno, per favore.	Etwas weniger, bitte.
Un po' di più, per favore.	Etwas mehr, bitte.
più piccolo/ più grande	kleiner/größer
Dove posso trovare …?	Wo bekomme ich …?
Vorrei …	Ich hätte gerne …
Per favore, mi dia un pacco di …	Geben Sie mir bitte eine Packung …
Per favore, mi faccia vedere …	Zeigen Sie mir bitte …
Dica, prego!	Bitte schön! (Sie wünschen?)
Posso aiutarLa?	Kann ich Ihnen helfen?
Lo posso provare?	Kann ich das anprobieren?
Accetta carte di credito?	Nehmen Sie Kreditkarten?
Vorrei qualcosa di meno caro.	Ich hätte gerne etwas Billigeres.
troppo caro	zu teuer
Ho la taglia …	Ich habe Größe …
Ha anche la taglia …?	Haben Sie das auch in Größe …?
È troppo grande/	Das ist zu

piccolo.	groß/klein.
la svendita	Ausverkauf
la camicia	Hemd
i pantaloni	Hose
il cappotto	Mantel
la gonna	Rock
il vestito	Kleid
il collant	Strumpfhose
le calze	Strümpfe
il blazer	Blazer
la giacca	Jacke
il foulard	Halstuch

Colori	**Farben**
scuro	dunkel
chiaro	hell
blu	blau
marrone	braun
giallo	gelb
rosso	rot
verde	grün
nero	schwarz
bianco	weiß
grigio	grau

Essen und Trinken

Wo bekommt man's

la panetteria	Bäckerei
la pasticceria	Konditorei
la macelleria	Fleischerei
il negozio	Geschäft
il mercato	Markt
l'alimentari	Lebensmittelgeschäft
il supermercato	Supermarkt

Al ristorante	**Im Restaurant**
Scusi, c'è un buon ristorante?	Wo gibt es hier ein gutes Restaurant?
Un tavolo per … persone, per favore.	Einen Tisch für … Personen, bitte.
È libero questo tavolo?	Ist dieser Tisch noch frei?
Dov'è il bagno, per favore?	Wo sind bitte die Toiletten?
Per di qui, prego.	Hier entlang, bitte.
Cameriere, il menu, per favore.	Herr Ober/Bedienung, die Speisekarte, bitte.
la lista delle bevande	Getränkekarte
la lista dei vini	Weinkarte
Che cosa mi consiglia?	Was können Sie mir empfehlen?
Avete piatti vegetariani?	Haben Sie vegetarische Gerichte?
Prendo …	Ich nehme …
Per antipasto/ dessert/secondo prendo ...	Als Vorspeise/ Nachtisch/Hauptgericht nehme ich ...
Per favore, un bicchiere di …	Bitte ein Glas …
Buon appetito!	Guten Appetit!
Alla salute!	Zum Wohl!
Vorrei una tazza di caffè.	Ich möchte eine Tasse Kaffee.
Il conto, per favore.	Die Rechnung, bitte.
Conti separati, per favore.	Wir möchten getrennt bezahlen.
Tutto un conto, per favore.	Alles zusammen, bitte.
Vorrei la ricevuta.	Ich möchte bitte eine Quittung.
È stato di Vostro gradimento?	Hat es Ihnen geschmeckt?
Grazie, era davvero molto buono.	Danke, sehr gut.
La riporti indietro, per favore.	Bitte nehmen Sie es zurück.
mangiare	essen
bere	trinken
l'acqua minerale naturale	Mineralwasser ohne Kohlensäure
gassata	mit Kohlensäure
il vino	Wein
la birra	Bier
il bicchiere	Glas
la bottiglia	Flasche

Pesce	**Fisch**
frutti di mare	Meeresfrüchte
cozze	Miesmuscheln
gamberetti	Garnelen
granchio	Krabbe
calamari	Tintenfische
carpa	Karpfen
sogliola	Seezunge
salmone	Lachs
tonno	Thunfisch
trota	Forelle

Carni	**Fleisch**
gallina	Huhn
pollo	Hähnchen
anatra	Ente
scaloppine	kleine Schnitzel
saltimbocca	Kalbsschnitzel
tacchino	Truthahn
fagiano	Fasan
frattaglie	Innereien
polpette	Fleischklößchen
bistecca	Steak
braciola	Rumpsteak
fegato	Leber
montone	Hammel
vitello	Kalbfleisch
agnello	Lammfleisch

Pasta	**Nudelgerichte**
Pasta al burro	mit Butter
Pasta al pomodoro/ sugo	mit Tomatensauce

Pasta all'arrabbiata	mit Tomatensoße und Chili
Pasta al ragù	mit Bolognesesoße
Pasta alla carbonara	mit Ei und Bauchspeck
Pasta alla panna	mit Sahne
Pasta alla vongole	mit Venusmuscheln
penne	kurze Nudeln
tagliatelle	Bandnudeln
vermicelli	Fadennudeln
lasagne	Teigblätter mit Fleischsauce, überbacken

Verdura	**Gemüse**
gli sparagi	Spargel
gli spinaci	Spinat
le carote	Karotten
i fagioli	Bohnen
i piselli	Erbsen
le patate	Kartoffeln
l'insalata	Salat
il pomodoro	Tomate
il cetriolo	Gurke
gli zucchini	Zucchini
il cavolfiore	Blumenkohl
la cipolla	Zwiebel
le verdure crude	Rohkost

Frutta	**Obst**
la mela	Apfel
la pera	Birne
le fragole	Erdbeeren
le ciliege	Kirschen
il melone	Melone
la pesca	Pfirsich
l'albicocca	Aprikose
il pompelmo	Pampelmuse
la banana	Banane
le prugne	Pflaumen
il limone	Zitrone
l'arancia	Apfelsine
l'uva	Weintrauben

Modi di cottura	**Zubereitungsarten**
a vapore	gedämpft
arrosto	gebraten
al forno	gebacken
fritto	fritiert
alla brace	gegrillt
al cartaccio	in der Folie gebacken
gratinato	überbacken

Un mucchio di altre cose	**Was es sonst noch gibt**
il latte	Milch
la panna	Sahne
il formaggio	Käse
lo yogurt	Joghurt
le uova	Eier
il burro	Butter
le spezie	Gewürze
l'aglio	Knoblauch
il sale	Salz
il pepe	Pfeffer
lo zucchero	Zucker
l'aceto	Essig
l'olio	Öl
il miele	Honig
il gelato	Speiseeis

Dal panettiere	**Beim Bäcker**
il pane	Brot
il pane misto di segale e frumento	Graubrot
il pane nero	Schwarzbrot
il pane bianco	Weißbrot
i biscotti	Gebäck
la torta	Torte

Kosmetik, Presse, Öffentliche Verkehrsmittel

Was Sie zur Körperpflege brauchen

lo spazzolino da denti	Zahnbürste
il dentifricio	Zahnpasta
il cotone idrofilo	Watte
la crema da barba	Rasiercreme
le lamette	Rasierklingen
i fazzoletti	Taschentücher
il pettine	Kamm
il rossetto	Lippenstift
la saponetta	Seife
l'asciugacapelli	Haartrockner
l'asciugamano	Handtuch
lo shampoo	Haarwaschmittel

All'edicola	**Im Zeitschriftenladen**
il giornale	Zeitung
la rivista	Zeitschrift
Vorrei un giornale tedesco.	Ich hätte gerne eine deutsche Zeitung.
la carta	Papier
la busta	Briefumschlag
la penna a sfera	Kugelschreiber

Mezzi di trasporto	**Öffentliche Verkehrsmittel**
il treno	Zug
la stazione	Bahnhof
l'autobus	Bus
l'aereo	Flugzeug
l'aeroporto	Flughafen
la nave	Schiff
il porto	Hafen
il traghetto	Fähre
Quando parte il prossimo …?	Wann fährt der nächste …?
… l'ultimo …?	… der letzte…?
un biglietto	Fahrkarte
partenza	Abfahrt
arrivo	Ankunft

uscita	Ausgang
entrata	Eingang
ritardo	Verspatung

Assistenza medica Medizinische Versorgung

Dal medico	**Beim Arzt**
il medico	Arzt
il dentista	Zahnarzt
Ho mal di gola.	Ich habe Halsschmerzen.
Non mi sento bene.	Ich fühle mich nicht wohl.
Mio marito/mia moglie sta male.	Mein Mann/ meine Frau ist krank.
Ho fatto un'indigestione.	Ich habe mir den Magen verdorben.
Sono molto raffreddato/a.	Ich bin stark erkältet.
Sono al ... mese di gravidanza.	Ich bin im ... Monat schwanger.
Ho la pressione alta/bassa.	Ich habe einen hohen/niedrigen Blutdruck.
Ho dei dolori qui.	Hier habe ich Schmerzen.
Non sopporto bene questo clima.	Ich vertrage dieses Klima nicht.
Mi sono ferito/a.	Ich habe mich verletzt.

il braccio	Arm
il malleolo	Knöchel
il cuore	Herz
il dente	Zahn
il ginocchio	Knie
la gamba	Bein
la mano	Hand
il naso	Nase
l'occhio	Auge
l'orecchio	Ohr
la pelle	Haut
il piede	Fuß
la testa	Kopf

la diarrea	Durchfall
il vomito	Erbrechen
la nausea	Brechreiz
la tosse	Husten
il mal di testa	Kopfschmerzen
i disturbi circolatori	Kreislaufstörungen
la lombaggine	Hexenschuss
la scottatura	Sonnenbrand
le vertigini	Schwindel
la pomata	Salbe
la compressa	Tablette
il sonnifero	Schlaftabletten
le gocce	Tropfen
l'analgesico	Schmerzmittel
le bende	Verbandszeug

Wo? Wie? Was? – Orientierung

Wie man nach dem Weg fragt (und die Antwort versteht)

Scusi, dov'è …?	Entschuldigung, wo ist …?
Come si arriva a …?	Wie komme ich nach …?
Come si arriva nel modo più veloce alla stazione?	Wie komme ich am schnellsten zum Bahnhof?
Sempre diritto.	Geradeaus.
A destra.	Nach rechts.
A sinistra.	Nach links.
È questa la strada per …?	Ist das die Straße nach …?

Welche Sehenswürdigkeiten gibt es in der Stadt

il ponte	Brücke
il castello	Schloss
l'anfiteatro	Amphitheater
la fontana	Brunnen
il monumento	Denkmal
il fiume	Fluss
la chiesa	Kirche
il museo	Museum
il municipio	Rathaus
le rovine	Ruine
la cappella	Kapelle
il parco	Park
il palazzo	Palast

Telefonare, Internet Telefonieren, Internet

Dove posso comprare una carta telefonica?	Wo bekomme ich eine Telefonkarte?
Qual è il prefisso di …?	Wie ist die Vorwahl von …?
Non risponde nessuno.	Es meldet sich niemand.
Provi ancora una volta.	Versuchen Sie es noch einmal.

Ha il Wi-Fi?	Haben Sie WLAN?
Non ho campo.	Ich habe kein Signal.

password Wi-Fi	WLAN-Passwort
la stampante	Drucker
l'allegato	Anhang
aggiornare	aktualisieren
scaricare	herunterladen
collegarsi a	sich verbinden mit
la chiocciola	At-Zeichen (@)

La camera Unterkunft

Mi saprebbe dire dove posso trovare una camera?	Wissen Sie, wo ich hier ein Zimmer finden kann?

Cerco un alloggio.	Ich suche eine Unterkunft.
Quanto costa?	Wieviel kostet es?
Mi può fare una prenotazione?	Können Sie für mich dort reservieren?
È lontano da qui?	Ist es weit von hier?
Come ci si arriva?	Wie kommt man dorthin?
Avete una camera doppia/singola libera?	Haben Sie ein Doppelzimmer/ Einzelzimmer frei?
Posso vedere la camera?	Kann ich das Zimmer ansehen?
Si può aggiungere un lettino per bambini?	Können Sie ein Kinderbett aufstellen?
il lavandino	Waschbecken
con doccia e WC	mit Dusche und WC
il frigorifero	Kühlschrank
Partiamo domattina.	Wir reisen morgen früh ab.
Prepari il conto, per favore.	Machen Sie bitte die Rechnung fertig.
Mi chiama un taxi, per favore?	Können Sie mir bitte ein Taxi rufen?
il campeggio	Campingplatz
la tenda	Zelt

Il tempo — Wetter

Che tempo farà oggi?	Wie wird das Wetter heute?
Ha già sentito le previsioni del tempo?	Haben Sie schon den Wetterbericht gehört?
Fa/Farà caldo.	Es ist/wird warm.
molto caldo	heiß
freddo/fresco	kalt/kühl
C'è afa/tempesta.	Es ist schwül/ stürmisch.
Quanti gradi ci sono?	Wieviel Grad haben wir?
il temporale	Gewitter
il caldo/la pioggia/ il sole	Hitze/Regen/ Sonne
il vento/la nuvola	Wind/Wolke

I numeri — Zahlen

uno	eins
due	zwei
tre	drei
quattro	vier
cinque	fünf
sei	sechs
sette	sieben
otto	acht
nove	neun
dieci	zehn
undici	elf
dodici	zwölf
tredici	dreizehn
quattordici	vierzehn
quindici	fünfzehn
sedici	sechzehn
diciassette	siebzehn
diciotto	achtzehn
diciannove	neunzehn
venti	zwanzig
trenta	dreißig
quaranta	vierzig
cinquanta	fünfzig
sessanta	sechzig
settanta	siebzig
ottanta	achtzig
novanta	neunzig
cento	hundert
mille	tausend
duemila	zweitausend

L'ora/Il calendario — Zeitangaben, Kalender

Che ore sono?	Wie spät ist es?
Sono le …	Es ist …
adesso	im Moment
oggi	heute
ieri/l'altro ieri	gestern/vorgestern
domani/dopodomani	morgen/übermorgen
di mattina/di pomeriggio/di sera	vormittags/nachmittags/abends
giorno	Tag
settimana	Woche
mese	Monat
anno	Jahr
lunedì	Montag
martedì	Dienstag
mercoledì	Mittwoch
giovedì	Donnerstag
venerdì	Freitag
sabato	Samstag
domenica	Sonntag
gennaio	Januar
febbraio	Februar
marzo	März
aprile	April
maggio	Mai
giugno	Juni
luglio	Juli
agosto	August
settembre	September
ottobre	Oktober
novembre	November
dicembre	Dezember

Fette Seitenzahlen verweisen auf ausführliche Erwähnungen, *kursiv* gesetzte Begriffe bzw. Seitenzahlen beziehen sich auf den Service.

GO VISTA CITY

Reiseführer mit ausfaltbarer

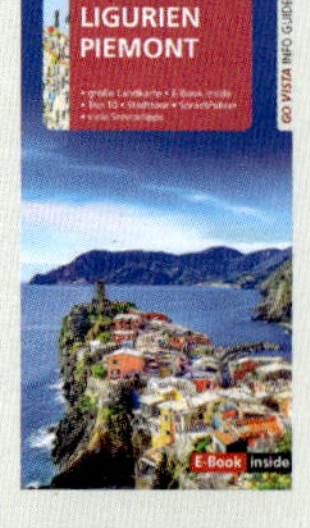

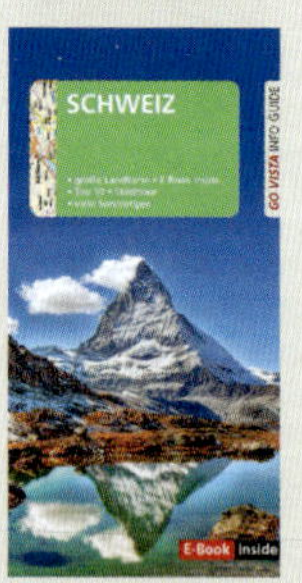

VISTA POINT Verlag GmbH · www.vistapoint.de

Andreas Schulz, Bad Honnef: S. 13
Arena di Verona Foundation/Maurizio Brenzoni: S. 79
Fotolia/Autofocus67: S. 2 o. r., 25, 37, 57; Buesi: S. 35; cmfotoworks: S. 71; daskleineatelier: S. 77; Ewais: S. 10 o.; giorgiape: S. 53; Hamster4711: S. 61; Jan Schuler: S. 47; Maigi: S. 60; Mattonawave: S. 40; Maurizio Rovati: S. 50, 51, 56; MF-Media.de: S. 64; olly: S. 22; PeJo: S. 65; quaximo: S. 84; Rostislav Glinsky: S. 46; sonne07: S. 31; SusaZoom: S. 58; Torsten Wenzler: S. 30; Volkmar Gorke: S. 78; Yuriy Chertok: S. 67
Herbert Hartmann, München: S. 2 o. l., 6 u., 23, 27, 36, 43, 54, 73, 75
iStockphoto/Alberto Simonetti: S. 32; aprott: S. 3 o. Mitte, 55; Bettina Ritter: S. 80; bonottomario: S. 45, 48; Christian Bernds: S. 16; Dolomites-image: S. 83; Evgeniya Moroz: S. 26; Flavio Vallenari: S. 6 o., 38, 39, 76, 85; gianlucabartoli: Schmutztitel (S. 1); iSailorr: S. 10 u.; Janoka82: S. 2 o. Mitte, 72; karambol: S. 66 u.; LianeM: S. 68; Luke Daniek: S. 3 o. l., 15; Maciej Noskowski: S. 49; marcobir: S. 59; Nimu1956: S. 74; Orietta Gaspari: S. 81, 82; Roberto Cerruti: S. 19; shulevich: S. 66 o.; Stefan Kunst: S. 24; Vladimir Mucibabic: S. 17
mauritius images/Alamy: S. 44
Pixelio/Matthias Brinker: S. 34 u.; Peter Heinrich: S. 3 o. r.; Udo Sodeikat: S. 29
Shutterstock/xbrchx: S. 4/5; Yevgenia Gorbulsky: S. 52
VISTA POINT Verlag (Archiv), Rheinbreitbach: S. 7, 8, 14, 18
Wikipedia (CC PD-self)/Wolf Meusel: S. 62; (CC BY 2.5)/Ronan.guilloux/gallery: S. 21; (CC BY 3.0)/BlueSky2012: S. 63; (CC BY-SA 4.0)/Schorle: S. 41

Schmutztitel (S. 1): Besonders der nördliche Gardasee gilt als Eldorado der Windsurfer
Seite 2/3 (v.l.n.r.): Burgruine in Arco, Torbole, Wallfahrtskirche Madonna di Montecastello, Amphitheater in Verona, Tremosine, Scaligerburg in Sirmione

Reihenkonzeption: Andreas Schulz & VISTA POINT-Team
Bildredaktion: Andrea Herfurth-Schindler
Lektorat: JB Bild | Text | Satz, Berlin
Layout und Herstellung: Sandra Penno-Vesper, Potsdam
Reproduktionen: Henning Rohm, Köln; Noch & Noch, Menden
Kartographie: Huber Kartographie GmbH
Gesamtherstellung: VISTA POINT Verlag GmbH, Rheinbreitbach

ISBN 978-3-96141-734-6

An unsere Leserinnen und Leser!
Die Informationen dieses Buches wurden gewissenhaft recherchiert und von der Verlagsredaktion sorgfältig überprüft. Nichtsdestoweniger sind inhaltliche Fehler nicht immer zu vermeiden. Für diese übernimmt der Verlag keine Haftung. Für Ihre Korrekturen und Ergänzungsvorschläge sind wir dankbar.

VISTA POINT Verlag
Rolandsecker Weg 30 · 53619 Rheinbreitbach
Telefon: +49 (0)2224/7795-0 · Fax: +49 (0)2224/7795-100
info@vistapoint.de · www.vistapoint.de · www.facebook.de/vistapoint